Franz Rosen
Ein Büchlein vom Warten

Franz Rosen
Ein Büchlein vom Warten

1.Aufl.
Taschenbuch – Literatur - Klassiker
Herausgeber Frank Weber, Marburg
Bibliografische Information der Deutschen Nationalbibliothek:
Die Deutsche Nationalbibliothek verzeichnet diese Publikation in der Deutschen
Nationalbibliografie; detaillierte bibliografische Daten sind im Internet abrufbar über
http://dnb.dnb.de
© 2020 Franz Rosen
ISBN: 9783756829583
Herstellung und Verlag: BoD – Books on Demand, Norderstedt

Franz Rosen

Ein Büchlein vom Warten

1921

Meiner Tochter zugeeignet
Zielenzig, Herbst 1920

Inhalt

Das Warten.

Zu jeder Zeit und an jedem Ort gibt es wartende Menschen. Und im Leben des einzelnen Menschen gibt es kaum eine Zeit, in der er nicht auf irgend etwas wartete. Vom Briefträger, der eine ersehnte Nachricht bringen soll, bis zur Erfüllung lebenentscheidender Wünsche ist das irdische Dasein ein einziges, großes Warten. Die ganze Stufenleiter menschlicher Empfindungen ist eingepreßt in dieses eine, kleine Wort: warten.

Warten kann Ungeduld sein und schlechte Laune; kann Freude sein und Hoffnung, Sehnsucht und Glück. Warten kann sein ein feierliches Harren im Vorhof des Tempels, bis daß der Vorhang in zwei Teile zerreiße und die göttliche Flamme auflodere von den Altären der Erfüllung.

Darum sollten wir das Warten nicht als einen lästigen Beitrag zu allen übrigen Unvollkommenheiten unsres Lebens rechnen, sondern es als ein Mittel zur Erziehung der eignen Persönlichkeit erkennen lernen.

Das richtige Warten stärkt, und das verkehrte Warten entkräftet. Für den Wartenden steht in gewisser Weise das Leben still; wenigstens auf der Linie, auf der er wartet. Da entsteht – wenigstens äußerlich – ein Stocken alles Fortschritts; eine scheinbare Gleichgültigkeit gegen alles, was außerhalb des Gegenstandes unsres Wartens liegt. Und je nach der Wichtigkeit dieses Gegenstandes für unser Leben nimmt das Warten unsre Seelenkräfte mehr oder weniger in Anspruch, verzehrt sie, oder erhöht sie.

Es verzehrt sie, wenn nicht aus anderen, tieferen Quellen eine größere Kraft strömt, die das ersetzt, was wir durch das Warten an Kraft verbrauchen. Die Pflanze hält am längsten der Dürre und dem Sonnenbrande stand, deren Wurzeln am tiefsten gehen und aus dem Schoß der Erde die Feuchtigkeit ersetzen, die oben in der Hitze verdunstet. Und wenn das Verhältnis ein richtiges ist, wenn mehr Feuchtigkeit aufgenommen als verbraucht wird, so wird sich die Pflanze um so schöner und kraftvoller entfalten.

Wenn die Seele aus der Tiefe einer starken Sittlichkeit und einer festen Selbstzucht Geduld, Ruhe, Freudigkeit und Ergebung schöpft, so wird jedes Warten gleichsam zu einer Übung, an der diese Eigenschaften erstarken und sich einfügen zu leuchtenden Farben in das Bild eines harmonischen, d. h. in sich ausgeglichenen, sich selbst beglückenden und der Umwelt wohltuenden Menschenlebens.

Wenn aber Ungeduld, Ungestüm, Mißmut, Verdrossenheit oder Verzagtheit die Seele des Wartenden füllen, – lauter Dinge, die Kraft verbrauchen – so wird das Warten zu Qual und Pein, die wiederum an der Kraft des inwendigen Menschen nagen, so daß seine innere Kraft gleichsam von zwei Seiten angenagt, und je länger das Warten dauert, allmählich aufgefressen wird. So daß, wenn endlich die Erfüllung eintritt, nicht einmal mehr die Kraft zu einer rechtschaffenen Freude übrigblieb, sondern der Mensch nur mit einem erleichterten Aufseufzen die Bürde des Wartens von sich wirft und, mit der Erfüllung in den Händen, müde am Wege niedersinkt.

»Ich kann es nicht mehr erwarten. Ich kann mich gar nicht mehr so richtig freuen, es hat zu lange gedauert –«

Wie oft hört man das, und wie traurig ist das. Erwarten – was heißt denn das? Erwarten heißt: mit Ruhe und Stärke heranwarten, heranziehen. In demselben Sinne wie ersehnen, erkennen, erschließen. Die kleine Silbe »er« heißt Erkennen, Erschließen, Besitz ergreifen in Eins.

Und was heißt denn das: es hat zu lange gedauert! Ja, vielleicht hat es deiner Ungeduld, deiner Berechnung, deinem Verstande, deiner Zeiteinteilung, deinen Plänen zu lange gedauert. Aber bei dem allermeisten Warten kommt es nicht auf dich allein an, sondern noch auf andre Menschen und andre Dinge und andre Verhältnisse, für die es vielleicht gerade nötig und gut war, daß es so lange dauerte. Stelle nicht immer dich in den Mittelpunkt deines Wartens, nimm dich und deine Verhältnisse nicht so ungeheuer wichtig. Du bist nur ein kleiner Teil eines tausendfältigen Ganzen, und das, worauf du wartest, ist vielleicht nur wie eine Masche in einem großen, kunstvollen Gewebe, das ganz in Unordnung geraten würde, wenn der große Weber sie um deiner Ungeduld willen vorzeitig fallen lassen würde.

Es gibt Menschen, die sind nie so ruhevoll, so von innen heraus durchleuchtet, so von einer stillen, feierlichen Kraft getragen, als in Zeiten eines langen, großen Wartens. Und wenn man gemeinhin von kleinen Dingen sagt: Vorfreude ist die reinste Freude – so kann das noch viel mehr von den großen Dingen gelten. Denn mit der Erfüllung ist in diesem unvollkommenen Leben doch meist irgendeine kleine Enttäuschung verbunden; irgend etwas, das wir uns »anders« gedacht hätten. Ist aber unsre Seele am Warten erstarkt, so hat sie auch die Kraft, solche kleine Enttäuschungen zu verschmerzen, sie auszubrechen, wie man die Dornen aus der Rose ausbricht, ehe man ihr zu Schmuck und Freude den Ehrenplatz an der eigenen Brust gibt. Eine Rückwirkung auf unsre Seele geht aber nicht nur davon aus, wie wir warten, sondern auch davon, auf was wir warten. Wir haben es freilich nicht immer in der Hand, auf was wir warten wollen. Meist ist es so, daß uns das Leben und das Schicksal das Ziel zeigt und uns auf den Weg schiebt, und die Länge und Beschwer-lichkeit des Weges bestimmt; oder uns auf den Posten stellt und sagt: von da oder dort kommt es – nun gib acht, daß du es nicht versäumst. Aber wie und wann es kommt, das sagt uns niemand; das sollen wir eben erwarten. An uns ist es, zu erkennen, zu welchem Warten, zu welchen Erwartungen wir berechtigt sind, und für welche es sich lohnt, Seelenkraft zu verausgaben und zu ersetzen. Wenn wir das immer recht bedächten, dann würde unsre Seele von manchem unnützen, törichten und vergeblichen Warten befreit werden. Denn das meiste Warten und die meisten Enttäuschungen bereiten wir uns selbst, indem wir warten auf Dinge, deren Eintreten gar keinen Wert für uns hat, zu deren Besitz oder Genuß wir gar nicht berechtigt sind.

Ich denke dabei vor allem an all das, was wir fortwährend, im kleinen und im großen, von anderen Menschen erwarten. Dank für Freundlichkeiten und Wohltaten. Rücksichten auf unsre Eigenart, unsre Wünsche, unsre besondern Verhältnisse. Hilfe in der Not. Teilnahme im Glück. Anerkennung unsrer Verdienste, unsrer Vortrefflichkeit. Erfolg unsrer Bemühungen um diesen und jenen. Treue und Anhänglichkeit. Von unsern Kindern erwarten wir, daß sie so werden, wie wir sie haben möchten, und von unsern Eltern, daß sie uns das sein und werden lassen, was wir sind. Von unsern Unter-gebenen erwarten wir Gehorsam, und von unsern Vorgesetzten, unsern Freunden und Weggenossen Verständnis. Oft haben wir vielleicht ein Recht, eins oder das andre hiervon zu erwarten – öfter aber beruht dieses »Recht« nur in unsrer Einbildung oder unsrer verblendeten Ichsucht.

Der Mensch ist am glücklichsten, der von andern so wenig wie möglich erwartet – so viel wie möglich aber von sich selber. Nicht aus einer geringen Einschätzung der andern und aus einer um so höhern Einschätzung seiner selbst, sondern weil wir in den seltensten Fällen ein Recht auf den andern haben, weil der andre nur so weit uns verpflichtet ist, wie wir uns ihm verpflichtet haben, und weil der Mensch von jeher geneigt ist, mehr Pflichten zu fordern, als er selber zu erfüllen bereit ist, geschweige denn erfüllt hat.

Von sich selber viel erwarten – das heißt nicht: sich einbilden, daß man ein ganz besonders wertvoller, fähiger, guter und kluger Mensch sei, der Besonderes leisten könne, sondern davon durchdrungen sein, daß man die Pflicht habe seine eigne Persönlichkeit zu größtmöglichen Vollkommenheit zu entwickeln; sich sein Ziel so hoch wie möglich stecken, und den Weg zu diesem Ziele unbeirrt gehen. Und das ist eine harte, schwere Arbeit, dazu gehört ein geduldiges, tätiges Warten. Je mehr wir dem nachdenken und nachleben, was wir andern schuldig sind, um so weniger Zeit werden wir haben, darüber nachzudenken und auf das zu warten, was andre uns schuldig sind. Und so kommt es ganz von selber, daß wir, je mehr wir von uns erwarten, um so weniger von den andern erwarten. Es ist ganz klar, daß uns auf diese Weise viel Enttäuschungen erspart und viel unverhoffte Freuden zuteil werden, und daß wir viel unnötiges, kräfteaufzehrendes und launever-derbendes Warten aus unsrem Leben ausschalten.

Aber, sagst du, es handelt sich doch nicht immer um große Dinge, um schicksalbestimmendes, herzangreifendes Warten. Das ganze Leben ist so voll von kleinem, harmlosem, unwichtigem, und in all seiner Kleinheit doch wichtigem, die Stimmung und das alltägliche Leben und Wohlsein beeinflussendem Warten. Auf dieses »kleine Warten« kann man unmöglich so große Gesichtspunkte und so wichtige Fragen anwenden.

Nun – so wahr es ist, daß auch dieses »kleine Warten« Einfluß hat auf deine Stimmung und dein alltägliches Leben, also auch auf dein alltägliches Glück und folglich auf deine Persönlichkeit, so wichtig ist es, auch dieses »kleine Warten« nach großen Gesichtspunkten zu regeln. Und weiter: wie der Mensch im Kleinen wartet, so wird er auch im Großen warten. Und wenn er sich nicht im Kleinen zum rechten Warten erzieht, so wird er auch das rechte Warten auf große Dinge nicht lernen. Je mehr man nachdenkt, um so mehr wird man erkennen, daß das ganze Leben nur ein Warten ist. Ein Warten auf die kleinen Dinge des Alltags, ein Warten auf die großen Verheißungen des Lebens. Ein Warten auf Glück, und ein Warten auf Leid. Ein Warten auf törichte, unverständige Dinge, ein Warten auf das, was man »mein gutes Recht« nennt. Letzten Endes ein Warten auf den Tod, der allem Warten ein Ende setzt, und nur dem, der recht zu warten gelernt hat, die große Erfüllung bringt.

Vom untätigen Warten.

Oft hört man sagen: »wieviel Zeit habe ich schon mit Warten verloren!«

Oder: »wieder ein verlorener Tag«, wenn man vergeblich den ganzen Tag auf etwas gewartet hat, das eintreten sollte, und nicht eintrat. Und leider ist es wahr – die Menschen »verlieren« viel Zeit mit Warten.

Aber wie »warten« denn die Menschen!

Sieh dir die Bahnhöfe an, wo die Reisenden auf den Zug warten. Heutzutage dauert das für den einzelnen oft recht lange. Da sitzen sie herum, rauchen, essen, trinken, lesen die Zeitung vorwärts und rückwärts, um die Zeit totzuschlagen. Dabei sehen die meisten verdrossen, gelangweilt, ungeduldig aus. Und die Stimmung wird um so schlechter, je länger sie – oft genug über die fahrplanmäßige Zeit hinaus – warten müssen. Oder sie stehen herum, treten von einem Fuß auf den andern, ziehen alle paar Minuten die Uhr, was gar nichts nützt, oder stieren mit leeren Augen in die öde Umgebung. Ein Bahnhof ist immer eine öde Umgebung. Das ist dann freilich »verlorene« Zeit.

Aber selbst die Zeit, die man auf einem öden Bahnhof verwartet, braucht nicht »verloren« sein.

Wenn du weißt: ich muß hier eine, zwei, drei oder noch mehr Stunden sitzen, so wird es doch wohl etwas geben, womit du diese Stunden ausfüllen kannst. Stecke dir für solche Stunden ein gutes Buch in die Reisetasche. So mancher hat zu Hause, im ausgefüllten Alltagsgetriebe, wenig Zeit zum Lesen. Oder schreibe einen schönen langen Brief, den du vielleicht schon längst schreiben wolltest, aber nicht konntest. Damit machst du dann sogar noch einem andern eine Freude. Oder – wenn du in der »öden Umgebung« zu beidem die Stimmung, die innere Sammlung, nicht finden kannst, so mache einen Gang durch das Städtchen, das zu dem Bahnhof gehört. Jede Stadt, auch die kleinste, hat irgendwelche Sehenswürdigkeit, und sei es nur ihre lokale Eigenart. Ich habe auf solchen Gängen oft schon Merkwürdigkeiten, ja sogar Schönheiten gefunden, von deren Vorhandensein ich nichts ahnte, die ich sonst niemals kennengelernt hätte.

Oder mache einen besinnlichen Spaziergang in die Umgebung. Die Landschaft ist vielleicht reizlos – gut, wenn deine Augen, deine Gedanken nichts finden, das sie fesseln oder anregen kann, so kehre sie nach innen, und mache einen Spaziergang durch dein Inneres. Das kann niemals überflüssig oder unnötig sein; dazu findest du vielleicht zu Hause erst recht keine Zeit.

Oder, wenn das Wetter zu schlecht ist, und du schon gezwungen bist, äußerlich untätig im Wartesaal zu sitzen, dann sieh dir die Menschen deiner Umgebung an, und lerne von ihnen; wie man's macht und wie man's nicht macht. Es ist immer lehrreich und interessant, Menschen zu beobachten. Nicht um ihren Anzug, ihre Manieren, ihre Art zu kritisieren, zu belächeln, nicht um schlechte Witze oder unfreundliche Bemerkungen zu machen. Wer mit etwas Menschenkenntnis und Menschenliebe und mit etwas Phantasie seine Mitmenschen beobachtet, der findet immer Interessantes und Lehrreiches. Ganze Schicksale und Lebensauffassungen, Typen und Arten können sich dir enthüllen bei solchem stillen, nachdenklichen Beobachten, und den Schatz deiner Erfahrungen bereichern.

Die Zeit totschlagen – was ist das überhaupt für ein gräßlicher Aus-druck, für ein sinnwidriges Unterfangen! Kaufet aus die Zeit! Nützet den Tag! Was du dem Augenblicke ausgeschlagen, bringt keine Ewig-keit zurück. Auch mit den langweiligsten Wartezeiten kann man Besseres tun, als sie totschlagen.

Oder du erwartest Besuch. Zu einer bestimmten Stunde hat er sich angemeldet. Aber er hält die Zeit nicht inne. Unpünktlichkeit ist immer ärgerlich. Aber richtig ärgern wirst du dich erst, wenn du untätig, mit den Händen im Schoß oder in der Hosentasche, vor der Haustür sitzest oder stehst, oder am Fenster, und immer nur erwartungsvoll und ungeduldig in die

Richtung blickst, aus der die Erwarteten kommen sollen. Gewiß, es ist ärgerlich – das Essen wird vielleicht kalt oder es vertrocknet auf dem Herde, der Teekessel kocht vielleicht über; aber verloren ist die Zeit, die du mit Warten zubringst, doch erst, wenn du sie untätig zubringst. Und obendrein wirst du noch schlechter Laune – nervös nennt man das meistens – und wenn die Erwarteten endlich kommen, wird es dir gar noch schwer, sie mit einem freundlichen Gesicht zu empfangen.

Eine liebe Freundin von mir, die ein sehr gastfreies Haus führte, hatte in ihrem Nähkorb immer ein Strickzeug liegen, das nur dazu diente, die Viertelstunden auszufüllen, in denen sie auf Gäste wartete und sich also nicht mehr aus dem Hause entfernen oder umständliche Arbeit vornehmen konnte. Sie hat auf diese Weise eine stattliche Anzahl von Strümpfen gestrickt, die sonst eben nicht gestrickt worden wären, und die verwartete Zeit war nicht verloren.

Oder du sitzt im Gebirge und wartest auf gutes Wetter. Du willst eine Hochtour machen, aber es regnet oder schneit gar. Muß das nun durchaus ein verlorener Tag sein? Gewiß, er kann es sein, wenn du eben nichts andres tust, als warten; von einem Fenster zum andern läufst und nach dem Himmel guckst, der sich dadurch ebensowenig beeinflussen läßt, wie der Barometer, den du mit »nervösen« Fingern hundertmal am Tage beklopfst. Das ist nur ein Beweis, daß die schlechte Laune dir schon in den Fingerspitzen sitzt. Führst du nicht ein Reisetagebuch? Hast du niemanden daheim zurückgelassen, dem du mit einem Brief eine Freude machen kannst? Dann sind doch solche Tage die einzigen im bewegten Reiseleben, an denen du überhaupt dazu kommst. Oder, bist du eine Frau, so hast du doch gewiß an deiner Garderobe etwas instand zu setzen. So ermanne dich doch, und nähe den Rocksaum sauber an, der schon seit mehreren Tagen nur mit Sicherheitsnadeln festgesteckt ist!

Das sind alles Kleinigkeiten, und sehr prosaische Beispiele. Aber das ganze Leben besteht aus Kleinigkeiten, und durchaus nicht immer aus Poesie oder erhabenen Dingen. Die Kleinigkeiten richtig anzufassen – darin liegt zumeist das Geheimnis der guten Laune, und schlechte Laune kommt immer aus Kleinigkeiten, nicht aus großen und erhabenen Dingen.

Untätiges Warten auf nebensächliche Dinge erzeugt immer schlechte Laune. Du solltest doch viel zu stolz und viel zu klug sein, um solchen kleinen Dingen die Herrschaft über dich einzuräumen.

Warten an sich ist keine Beschäftigung, höchstens ein Zustand. Und noch nicht einmal das, wo es sich um Kleinigkeiten handelt.

Während ich dies schreibe, warte ich auf meine Tochter, die mich zum Spazierengehen abholen wollte. Sie hat sich verspätet, es ist ihr vielleicht etwas Unvorhergesehenes dazwischengekommen. Hätte ich nun untätig gewartet, so liefe ich wahrscheinlich in Hut und Mantel, von Minute zu Minute ungeduldiger werdend, im Zimmer auf und ab, wie ein wildes Tier im Käfig. Ein unwürdiger Zustand. Und die halbe Stunde, die ich wartend verbracht habe, wäre tatsächlich verlorene Zeit gewesen. Ich habe mich aber an den Schreibtisch gesetzt und diese Gedanken niedergeschrieben, und damit erstens Zeit gespart, zweitens die Zeit nicht verloren – wenigstens für mich persönlich nicht – und drittens ist mir die Zeit wunderbar schnell und angenehm vergangen. – Viel schlimmer ist, daß während dieser Zeit eine große blaue Herbstfliege mir unaufhörlich um den Kopf fliegt, mir bald an die Stirn, bald auf das Papier stößt, und mich mit ihrem aufgeregten Summen und Zickzackflug so kribbelig macht, daß ich all meine Energie aufbieten muß, um mich nicht ärgern und stören zu lassen, und sehr erfreut bin, daß jetzt draußen auf dem Gange der Schritt meiner Tochter ertönt, und diesem gefährlich werdenden Zustand ein Ende macht.

Aber das gehört in ein anderes Kapitel der menschlichen Ärgernisse. –

Vom tätigen Warten.

Wir alle warten auf bessere Zeiten.

Glaubt aber irgendeiner im Ernst, daß diese besseren Zeiten kommen werden durch solch untätiges, wenn auch noch so sehnsüchtiges Warten?

Die Theosophen sagen: wenn wir unsre sehnenden Gedanken konsequent und mit aller Kraft auf das Ersehnte richten, so kommt es.

Ich kann die Richtigkeit dieser Behauptung nur anerkennen, wenn ich den Worten einen tieferen Sinn unterschiebe.

Eine Sehnsucht, die so groß, ein Warten, das so intensiv ist, das unsre Gedankenkräfte so ausfüllt, daß sie sich immer nur auf das eine Ziel konzentrieren, ein Gefühl, das unsren innern Menschen so durch-dringt, daß er von diesem Gefühl ganz beherrscht wird – solche Sehn-sucht, solch Gefühl kann nicht latente Kraft bleiben. Es drängt zur Tat.

Tat gewordene Sehnsucht, Tat gewordenes Gefühl, tätiges Warten allein kann dem Ziele näher bringen, kann das Ersehnte erzwingen.

Wohl mag es starke Geister und große Seelen geben, deren Gedankenkraft, ins Übersinnliche gesteigert, das Schicksal heranrufen oder abwenden hilft. Der gläubige Christ nennt das Gebetskraft. Aber nie wird solche Kraft allein die Welt regieren. Dem Denken muß das Tun zu Hilfe kommen. Bete und arbeite, steht im Buch der Bücher.

Durch »Warten« allein werden niemals bessere Zeiten kommen. Wenn der Landmann auf eine gute Ernte wartet – ja, wartet, denn Wachsen und Gedeihen liegt nicht in seiner Hand – so tut er das nicht, indem er müßig steht, nach dem Himmel sieht, ob zur rechten Zeit Regen und Sonnenschein kommt, und nach den Feldern, ob es dort schnell genug wächst, blüht und reift. Auch faltet er nicht nur die Hände und denkt: Gott wird's schon machen.

Sondern sein Warten ist Arbeit, und seine Arbeit ist Warten – Pflegen. Dem Unkraut und dem Ungeziefer wehren, den Boden lockern, das Schwache stärken durch nachträgliches Düngen. Und alles instandsetzen, damit die Ernte ihn bereit finde.

Sage nicht: Ich kann nichts tun, damit bessere Zeiten kommen. Ich stehe nicht im öffentlichen Leben, habe keine Begabung, bin noch zu jung, bin nur eine Frau – nur ein Kind. Es gibt keinen Stand und keinen Beruf, kein Alter und kein Geschlecht, keinen Ort und keine Zeit, wo du nicht zu den besseren Zeiten mithelfen kannst.

Sage nicht: ob ich etwas tue, darauf kann es nicht ankommen. Viele müssen etwas tun, die Masse muß es schaffen.

Wo sollen denn die vielen und die Masse herkommen, wenn der einzelne nicht anfängt?

Sage nicht: dieser einzelne muß ein ganz Großer, Kluger und Starker sein, der die Massen mitreißt. Und so einer bin ich nicht. Die Lawine, die Wälder entwurzelt und Täler verschüttet und mit ihrem Donner die Lüfte erfüllt, war auch nicht von Anfang an eine Lawine, sondern eine winzige, federleichte Schnee-flocke.

Dem ganz Großen, der vielleicht einmal kommen wird, muß der Boden bereitet werden, damit die Saat, die er ausstreut, Nahrung und Wachs-tum findet.

Wem es gegeben ist, große Taten zu tun, der braucht ja nicht warten, denn in dessen Hand ist die Erfüllung gegeben. Wer aber verurteilt ist, abseits von der Heerstraße großer Taten auf die Erfüllung zu warten, der kann sie heranwarten durch kleine Tätigkeit.

Tue deine Pflicht gegen die Allgemeinheit, gegen das deutsche Volk, an dem Platz, an den das Leben dich gestellt hat. Jeder hat doch irgendeinen Platz im Leben, und sei es auch nur eine Schulbank, oder ein stilles Altweiberstübchen, oder ein Schmerzenslager im Kranken-haus, oder ein Kontorschemel, oder ein Bauernhof, oder der Sitz hinter dem Schanktisch, oder die Kinderstube, oder die Arbeitsstelle.

Denke überhaupt erst einmal dem nach, was »Pflicht gegen die Allgemeinheit« ist. Schon solch Nachdenken ist eine Tätigkeit, die der Mühe wert ist. Wartezeiten sind zum Nachdenken besonders geeignet.

Und wenn es wirklich gar keinen Menschen gibt, den du als Helfer zu einer besseren Zeit gewinnen, gar keine Sache, auf die du einen fördernden Einfluß ausüben kannst – nun, so fange bei dir selber an. Das ist vielleicht das allernötigste, die Vorbedingung überhaupt für eine Tätigkeit nach außen. Und das kannst du. Erziehe dich selbst zu einem Menschen, wie die »bessere Zeit« ihn braucht, zu einem wahren, klaren, starken und mutigen Menschen, zu einem Menschen der an das Gute glaubt und darum das Gute will; der aller Gemeinheit, allem Eigennutz, aller hoffnungslosen Bitterkeit, aller selbstischen Leichtfertigkeit absagt. Wenn jeder das täte, dann hätten wir ganz von selbst die »bessere Zeit«. Wenn einige wenige es tun, so wirkt diese Tätigkeit, die sich zunächst nur auf das Ich bezieht, und das Ich bessert, wohl auf andre durch gutes Beispiel, beschämend, ermunternd. Und einer zieht den andern nach sich.

Das Gute kommt immer von den wenigen. Aber aus den wenigen werden viele.

Nicht jeder kann daherbrausen wie ein Gewittersturm, der die Luft reinigt. Aber auch das sanfte Wehen eines stillen und steten Geistes hat eine große Macht. Eine sanfte Macht, die harte Eiskrusten zernagt, und aus dürrem Erdreich zarte Blumen hervorlockt – bis ein neuer Frühling die alte Welt verjüngt, und dem Großen, auf den wir warten, die Wege gangbar macht.

Wie oft hört man jetzt sagen von den Guten – von denen, die sich dafür halten: es ist schrecklich, zum untätigen Warten und Zusehen verdammt zu sein.

Jedermann hat es in der Hand, ob sein Warten nur untätiges Zusehen sein soll. Aber wenn wir alle nur untätig zusehen, dann sind wir alle verdammt, im wahren Sinne des Wortes. Zum Untergang verdammt.

Halte dich nicht für so unwichtig, daß du nichts sein, und nicht für so schwach, daß du nichts tun könntest. In einer großen Kette ist jedes einzelne Glied wichtig, und in einem großen Volk ist jeder einzelne Mensch wichtig. Und wenn du auch nur einen einzigen Menschen, wenn du auch nur dich selbst zu einem Mitbringer und Mitträger besserer Zeit erziehst und gewinnst, so ist dein Warten nicht untätig und zwecklos.

Untätiges Warten auf eine bessere Zeit macht ungeduldig, mürrisch und verbittert, und verschlechtert die Zeit, und erreicht das Gegenteil von dem, was es erwartet; ist Hoffnungslosigkeit, Unglaube, Gleichgültigkeit oder Faulheit.

Wer mit ganzer Seele, mit sehnendem Herzen, mit starker Liebe wartet, der hofft, der glaubt, der begeistert sich, der rührt sich. Und so ist die Art, wie du wartest, der Prüfstein für die Gesinnung, mit der du wartest.

Es wäre ja sehr einfach und sehr bequem, nur zu warten, und das Vollbringen andern zu überlassen. Wenn aber jeder so denkt, vollbringt keiner etwas.

Stille sein im Warten, und stark sein. Stark ist aber nicht die Schnecke, die sich still in ihr Haus verkriecht, sondern die Knospe, die Blüte treibt und Frucht bringt.

Tätiges Warten auf bessere Zeiten – sei es für das ganze Volk oder für den einzelnen Menschen – ist nicht marktschreierisches Getue und großes Gebaren, nicht Rütteln an Mauern und Schwimmen gegen Brandung – sondern stilles, unscheinbares, emsiges Tun – ein In-die-Hand-Arbeiten der Macht des Guten. Tue du das deine – dann tut Gott das seine.

Warten ist Sehnsucht. Laß die Sehnsucht, die Sucht, das Suchen, so inbrünstig und stark sein, daß sie die Untätigkeit gar nicht mehr aushält. Dann wirst du ganz von selber wissen, was du zu tun hast.

Vom fröhlichen Warten.

Ich warte auf das Leben.

Um mich herum ist die junge Frau, aus deren Schoß das Leben zum Licht der Welt erwachen soll.

Alles ist vorbereitet. Das Bettchen ist frisch bezogen und wartet mit. All die notwendigen und überflüssigen Kleinigkeiten, mit denen ein kleiner Erdenbürger empfangen wird, stehen und liegen bereit, und warten mit. Der Ehemann wartet, und die Mutter der jungen Frau wartet, und alle Angehörigen und guten Freunde warten mit. Das Hauswesen ist bestellt und geordnet, daß es seine fürsorgende Herrin eine Weile entbehren kann.

Aber das neue Leben kommt nicht. Es ist eigensinnig, oder neckisch. Es will sich durch menschliche Berechnung nicht zwingen lassen. Wenn es erst eingetreten ist in diese Welt, wird es viel gehorchen, sich viel anpassen, sich mehr als genug an menschliche Berechnung und irdische Sitte kehren müssen. Darum will es jetzt noch einmal so recht von Herzen nach seinem eignen Willen handeln. Kann man ihm das verdenken?

Alles wartet auf ihn, den neuen Menschen; alles muß sich nach ihm richten, ist von ihm abhängig, muß auf ihn Rücksicht nehmen. Alle Pläne, Unternehmungen, Arbeiten und Freuden hängen von seiner Genehmigung, von seinen unbekannten Absichten ab. Wann wird er jemals während seines bevorstehenden Erdenwallens dasselbe wieder von sich sagen können? Man möchte geradezu bedauern, daß er die seltsame Wonne dieses Zustandes nur im Unbewußtsein genießen – und also nicht genießen kann.

Er läßt wirklich sehr lange auf sich warten.

»Wie schrecklich«, sagen die lieben Verwandten und Freunde, die sich bereits täglich erkundigen, persönlich, brieflich, sogar telephonisch. »Das muß ja ein aufreibender Zustand sein. Wie langweilig. Wie peinlich. Wie unbequem. Welche Geduldsprobe.« Und dergleichen mehr.

Ja – habt ihr, die ihr so sprecht und denkt, denn niemals auf ein Kind gewartet, selber, oder für andre? Und habt ihr denn niemals empfunden, wie schön solch Warten sein kann!

Nur keine Ungeduld. Die macht nervös; was auch nur wieder ein Deckwort für »schlechte Laune« ist. Es wird schon alles zurecht-kommen. Und einstweilen freut man sich nur. Vorfreude ist oft – nicht immer – die reinste Freude; frei noch von aller Bürde, Pflicht und Verantwortung, frei auch von aller Not, die der Besitz, die Erfüllung mit sich bringen kann. Nicht immer, sage ich. Denn oft ist die Erfüllung noch viel schöner, als die gläubigste Phantasie fröhlichen Wartens sie zu gestalten vermochte.

Und da sollte man nicht freudig die kleine Last des Wartens tragen?

Es ist ja gar keine Last.

Das Haus ist wie eine Kirche, und die werdende Mutter selbst ist wie eine Kirche, denn in beiden ist das Leben am Werke, und das Leben ist ein Wunder, und in diesem Wunder ist Gott.

So ist es wenigstens in jedem Hause, wo echte Menschen wohnen, und nur von solchen rede ich. Wo es anders ist, da herrscht das Unglück, oder die Unnatur. Und das gehört in ein anderes Buch.

Ich warte auf das Leben, und habe jede Zeitrechnung ausgeschaltet. Ich habe mein Haus und alle meine wirklichen und unwirklichen, meine wichtigen und unwichtigen Pflichten im Stich gelassen, um das Wunder zu erleben. Es ist mir nicht leicht geworden, und anfänglich hat es an meinem Gewissen gerissen und mein Tätigkeitsdrang hat mich gestoßen und ich war nahe daran, auch so etwas wie »verlorene Zeit« zu denken; und war nahe daran, in eine Stimmung zu geraten, die zu einem fröhlichen Warten nicht paßt.

Da ist mir etwas zu Hilfe gekommen. Oder vielmehr: das Warten hat mir eine Erkenntnis gebracht. Nämlich die, daß es gut und nötig für mich war, einmal zwangsweise stillzusitzen.

Und je mehr ich das erkannte, um so mehr hörte der Zwang auf, Zwang zu sein.

Wenn man eingespannt ist in ein rastloses Tagewerk, wenn man einen Weg wandert, der oft steil und steinig ist oder an Abgründen dahinführt, so daß man immerfort scharf aufpassen muß, um nicht zu straucheln oder gar abzustürzen, dann hat man wenig oder keine Zeit, an andres zu denken als an eben diesen Weg und wie man ihn ungefährdet gehe; keine Zeit Umschau zu halten über all das Schöne, das rechts und links von diesem Wege ist – weite fruchtbare Ebenen und starke Ströme und ernste Wälder; und manche schöne stille Blume auf diesem Wege selbst; keine Zeit vor allem, vorwärts zu blicken auf die hellen, feierlichen Höhen, zu denen dieser Weg führt, und von denen das Licht und die Kraft für diesen Weg kommt; und der Weg wird schließlich Selbstzweck, und dehnt sich endlos, und man sieht kein Ende und wird müde, und wischt sich den Schweiß von der Stirn und das Blut von den Füßen, und quillt doch beides immer wieder nach, und verströmt Kraft und Freudigkeit. Und da tritt mir etwas entgegen und sagt: nun halt einmal inne, und setz' dich fein stille hin, und warte.

Warten – ja, Warten, das kostet doch Zeit, und ich habe keine Zeit, ich muß weiter, ich darf nichts versäumen; ich darf doch nicht innehalten, sonst geht mir die Kraft aus.

O nein – die Kraft wird dir ausgehen, gerade wenn du nicht innehältst. Und darum komme ich, das Leben, und sage dir, daß du jetzt einmal stillsitzen und warten mußt. Nicht auf eignes Glück, sondern auf das Glück andrer. Aber wenn du artig und geduldig bist, dann wird dieses Warten auch für dich ein fröhliches werden, und du wirst dein Besonderes daran haben.

Und da sitze ich nun abseits vom Wege und warte. Und weil meine Füße nicht mehr wandern, wandern die Augen. Und weil meine Hände nicht mehr arbeiten, arbeiten die Gedanken.

Und die Augen wandern über eine Welt voll Sonne – nie ist die Sonne so leuchtend, so voll warmer Goldtöne, wie an stillen, klaren, herbstlichen Tagen.

Die Augen wandern über grüne Wiesen und junge Saat, über weiche Hügel, auf denen das reife Heidekraut rostrot schimmert; über blaue Seen, in denen sich der blaue Himmel spiegelt; über braune Felder, auf denen arbeitende Menschen eine neue Ernte vorbereiten; über schwarzgrüne Kiefernwälder und goldne Lupinenfülle, und ein linder Wind trägt ihren warmen Duft zu mir herauf. Und die Augen wandern weiter in das innere Wesen der Dinge hinein, und alles, was sie schauen, wird ihnen zum Symbol. Und wandern weiter in unsichtbare Fernen, und schauen den Weg voraus, an dem ich sitze, und sehen die lichten Höhen, nach denen unaufhörlich das Herz in heißer Sehnsucht verlangt – und sie sind gar nicht mehr so unerreichbar fern. Und es kommt ein Genießen über mich und ein Ausruhen und ein Wohltun. Und eine Freude, die des steinigen Weges vergißt, der ja doch nur Mittel zum Zweck und darum Nebensache ist.

Und die Gedanken arbeiten und machen sich alles zu eigen, was die Augen schauen: die Saat und die Ernte, die warme Sonne und die jauchzenden Farben, die Arbeit der Erde und die lächelnde Ruhe des Himmels; den Duft der letzten Blüten und den sehnsuchtsvollen Flug herbstlicher Vögel; die Schönheit und den Reichtum der ganzen Welt, – und von ferne die unsichtbaren Berge, von deren Höhen die Füße der Boten kommen, die den Frieden bringen.

Und ich weiß: dieses Warten ist nicht verlorene Zeit, sondern gewonnene Kraft. Und kehre zurück in das Haus, das geweiht und geschmückt ist wie eine Kirche für einen Feiertag, und denke: ich will gerne noch recht lange warten.

Gibt es Schöneres, als warten auf ein Glück?

Gibt es Unsinnigeres, Undankbares, als dieses Warten zu entweihen durch Ungeduld, oder Zweifel, oder Sorgen, ob wohl wirklich auch alles so gut und schön werden wird, wie man zu erwarten berechtigt ist?

Liebe Seele, wenn dir ein Glück bevorsteht, dann warte auf die Erfüllung mit Geduld, und warte des Glücks mit Vertrauen. Die

Schatten, die jedem irdischen Glück anhaften, sollen die Fröhlichkeit deines Wartens nicht trüben, und die Sorge um das, was nachher kommen könnte, soll deine Vorfreude nicht schmälern.

Es ist dir gegeben, auf mancherlei Glück zu warten im Leben. Halte auch dem Glück – wie dem Schmerz – deine Seele entgegen wie eine offene Schale, daß das Glück sie fülle mit seinem Segen.

Es ist nicht wahr, daß die Erde ein Jammertal ist. Das liegt nur an uns – daran, wie wir sie sehen, wie wir sie bewerten, wie wir uns zu ihr stellen, was wir ihr zu geben haben und was wir von ihr erwarten.

Gibt es vielleicht immer irgendeinen Schmerz, auf den wir irgendwie warten, so gibt es auch immer irgendein Glück, auf das wir warten dürfen. Wir müssen es nur sehen; sehen wollen. Wenn die Sonne niedrig steht am Himmel, dann hat die Erde mehr Schatten als Licht. Wenn aber die Sonne hoch am Himmel steht, dann kriechen die Schatten in sich zusammen; sie sind da, aber sie herrschen nicht mehr; sondern das Licht herrscht; und nicht mehr die Schatten, sondern das Licht malen das Antlitz der Welt.

Wenn du selber tief stehst im inwendigen Leben, dann fällt dein eigner Schatten erkältend und verdunkelnd auf alle Dinge. Je höher du aber steigst, um so heller wird es um dich, über dir und unter dir –, und die Sonne deiner Lebenskraft und Lebensfreude erleuchtet dir die Welt.

Zum Steigen gehört Kraft, und solche Kraft strömt aus allerlei Quellen. Das stille, fröhliche Warten auf ein gewisses Glück ist eine solche Kraftquelle. Trübe sie dir nicht mit ärgerlichem Unmut, weil es gar so lange dauert. Laß dir an dem einen Glück, auf das du wartest, die Augen und das Herz aufgehen für so manches andre Glück, an dem du in der sorgenvollen Vielgeschäftigkeit des Alltags bisher vielleicht achtlos vorübergegangen bist.

Vom traurigen Warten.

Ich warte auf den Tod.

Seit zehn Wochen weiß ich, daß er kommen wird. Seit zehn Tagen er-warte ich ihn.

Der, zu dem er kommen will, ist mein Sohn. Mein Sohn, den sie mir aus dem schrecklichsten aller Kriege zurückgeschickt haben, damit er bei mir sterben kann.

Lang ausgestreckt liegt er auf seinem Krankenlager. Seit zehn Tagen. Solange hat er sich aufrechtgehalten. Dann kam der letzte Axthieb, der den Baum, dessen Krone schon unter den Schlägen erzitterte, umlegte. Nun liegt er da und stirbt. Seit zehn Tagen.

Auch er wartet auf den Tod. Seit vielen Wochen weiß er, daß es so kommen muß. Erst war es ein trotziges Aufbäumen; dann eine müde Verzagtheit; nun ist heilige Stille.

Seine Augen, die Fenster seiner Seele, sind groß und weit geworden. Das Wissen einer andern Welt schaut in sie hinein, und die Seele, schon bereit, sich vom Irdischen zu lösen, leuchtet aus ihnen heraus –: »Ja – ich komme«.

Viertelstundenlang liegt er so, diese merkwürdigen, großen, leuch-tenden Augen immer weit geöffnet, geradeaus empor-gerichtet, als sähen sie durch die Zimmerdecke hindurch schon das bessere Land. In weite, ferne Höhen, als gäbe es kein irdisches Hindernis mehr für den suchenden Blick.

Ich weiß nicht, ob er noch wartet; ob er noch bewußt wartet; ob er nicht schon in der Erfüllung ist.

Ich aber warte. Ich warte auf den Augenblick, der ihn mir endgültig nehmen wird. Fleisch von meinem Fleisch, Blut von meinem Blut, Leben von meinem Leben. Ich warte auf das Schwert, das niederfallen und seine erbarmungslose Spitze in mein Herz senken soll.

Das alles ist ja eigentlich schon geschehen. Wenn man ganz genau weiß: dieser Schlag wird dich treffen – ist es dann nicht so, als ob er schon gefallen wäre? Wenn man ganz und gar keine Hoffnung mehr hat – hat man sich dann nicht schon abgefunden mit dem Unabwendbaren?

O nein. – Wenn der Arzt vor dir steht und hat das Messer in der Hand, und du weißt ganz genau: in soundsoviel Sekunden wird er dieses Messer in deinen Leib graben, dazu steht er ja da, dazu hat er es ja in der Hand – so wirst du doch mit einem Zittern deiner Lebensnerven während der soundsoviel Sekunden darauf warten, daß es geschieht.

Ich warte. Es ist ein trauriges Warten. Und ein untätiges Warten. Die kleinen Handreichungen, die der Sterbende noch braucht, füllen die Zeit nicht mehr aus. Zu helfen, zu lindern, gibt es nichts mehr. Ich muß ganz still sitzen, keine Bewegung, kein Geräusch darf die feierliche Erwartung stören.

So sitze ich und warte, Tag und Nacht.

Es ist ein untätiges Warten. Und doch nicht. Denn wenn das Leben uns solche traurige Wartezeit auferlegt, in der es uns jede Möglichkeit zu eigner Betätigung nimmt, dann will es selber tätig sein an uns. Will es sein, und kann es sein, wenn wir ihm die Seele willig hinhalten, daß es sich an ihr betätige. Je stiller, je willenloser wir in solchen Stunden sind, um so fruchtbarer wird es sich betätigen.

Wir sollen lernen, und wir sollen wachsen in solchen Stunden stillen, traurigen Wartens. Lernen, daß der menschliche Wille nicht immer dazu da ist, Äußeres zu erzwingen; wohl aber, Inneres zu erhalten. Sich selbst zu erhalten, die eigne Persönlichkeit. Daß sie nicht zusammen-breche; daß sie nicht aufhöre zu glauben; ein Neues zu wollen, wenn das Alte zerschlagen ward. Lernen, daß irdisches Leben keinen Sinn und Zweck hätte, wenn es mit dem Tode zu Ende wäre. Am eignen Schmerz und an der eignen Sehnsucht sich an die Wahrheit klammern lernen: der Tod ist nur der Pförtner der Ewigkeit. – Und wachsen; hinauswachsen aus den kleinen Nöten und den kleinen Schmerzen zu der großen Not, die uns heiligt, zu dem großen Schmerz, der uns wissend macht. Wachsen aus den

Ketten und Hemmungen des irdischen Lebens hinaus in die große Freiheit derer, die Herr über das Leben geworden sind.

Und noch viel mehr lernt man, und noch aus vielem andern wächst man hinaus, wenn man die Seele hinhält wie eine offene Schale, daß der Tod sie mit seiner Weisheit fülle.

An den seherischen Augen meines sterbenden Sohnes hat meine Seele sich hinausgetastet aus dem Trauerkleide irdischen Schmerzes in das Feierkleid des Erkennens, das von den Höhen unsres Lebens wie Licht und Stille auf die bange Seele niedersinkt. Daß sie stark wird und froh.

Und als er dann kam, der Tod, da war es nur wie ein ganz leises, behutsames Türenschließen vor einer hellerleuchteten Kirche.

Wie anders wäre es gewesen, wenn er plötzlich gekommen wäre. Wenn nicht der Friede dieses traurigen Wartens voranging.

Entheilige nicht solch trauriges Warten mit Auflehnung und Verzweiflung – es hilft dir nichts; oder mit dem anklagenden, vorwurfsvollen Warum – es nützt dir nichts. Und wenn du nicht still und geduldig sein kannst, wenn das deinem Temperament nicht ent-spricht, wenn dein Schmerz so laut schreit, daß er deinen Willen und deine Kraft übertönt – sieh, dazu ist ja eben das traurige Warten da, daß deine Ungebärdigkeit stille werde, und dein Schmerz und deine Empörung.

Du mußt nur richtig warten.

Warten – das heißt erwarten. Was man erwartet, dagegen sträubt man sich nicht, wenn es auch ein Schmerz ist. Das nimmt man willig auf, darauf bereitet man sich vor.

Warten – das hat einen zwiefachen Sinn. Das heißt nicht nur auf etwas warten, sondern etwas warten – pflegen und hegen.

Warte des Schmerzes, auf den du wartest. Pflege ihn, daß es ein gesunder, reiner, helläugiger Schmerz werde. Ein Schmerz, der nicht mit gesenktem Haupt trotzig dahinschleicht und mit düstern Augen die Abgründe des Lebens sucht, sondern einer, der erhobenen Hauptes seherische Augen dahin vorausschickt, wo kein Schmerz mehr sein wird und kein Leid, und kein Geschrei; sondern Erfüllung und Wissen, und Friede.

Ich habe schon an manchem Sterbebett den Tod herangewartet, und den Schmerz, den er mir brachte. Und vielleicht sind diese traurigen Wartezeiten die wertvollsten Zeiten meines Lebens überhaupt gewesen.

»Ich warte auf nichts mehr«, sagen manchmal die Menschen, wenn sie einem unabwendbaren traurigen Geschick entgegengehen – dem Scheitern aller Wünsche und Hoffnungen, die sie auf einen Menschen, einen Gegenstand, ein Unternehmen, ein Glück gemeinhin gesetzt haben. Was meinen sie denn damit? Doch nur das: ich warte nicht mehr auf eine Änderung, eine Besserung, ein Wunder. Vielleicht hören sie viel zu früh auf, dergleichen zu erwarten; verfielen nur in Mutlosigkeit, Müdigkeit, dumpfe Ergebung, und verscherzten sich dadurch den Erfolg, die Rettung. Wenn es aber wirklich nichts Gutes mehr zu erwarten gibt, so ist es doch nicht richtig, und der Gipfel der Mutlosigkeit – oder ihr Abgrund, die Feigheit – zu sagen: »ich warte auf nichts mehr.« Hast du nichts Gutes, worauf du warten kannst – nun, so warte auf das Schlimme. Mache dich stark, sieh ihm ins Auge, bereite dich darauf vor, daß du ihm gewachsen seist, wenn es dich antritt. Und sei dankbar für die Zeit, die dir zu solchem Warten gegeben ist.

»Galgenfristen« nennen die Menschen solche Zeiten, und drücken damit einen Begriff aus, der zu hoffnungsloser Verzweiflung oder leichtfertigem Drauflosleben berechtigt. Und doch ist die Frist, die den Verurteilten vom Galgen trennte, oft die Stunde seiner Geburt geworden. Seiner Geburt zu einem neuen, frohen, freien und starken Menschen.

Auf ein Schönes, Gutes und Großes warten ist keine Kunst; ist Glück und Vorfreude.

Das traurige Warten aber ist eine schwere Arbeit; ein dunkler Weg, an dessen Ende, wenn anders er recht gegangen und gefunden ward, nicht die Finsternis des Leides steht, sondern das Licht der Kraft, mit der man das Leid überwindet.

Vom vergeblichen Warten.

Dies ist ein schweres Kapitel, denn es heißt: Enttäuschung.

»Lieber zehnmal enttäuscht werden, als nichts mehr erwarten«, sagen die einen.

»Lieber nichts mehr erwarten, dann bleiben einem Enttäuschungen erspart«, sagen die andern.

Wer hat recht? – Beide, und keiner.

Denn das ist Sache des Temperaments, der Weltanschauung. Optimismus oder Pessimismus. Lebensbejahung oder Lebensverneinung.

So ist es auch bei mir Sache der Weltanschauung, daß ich zu dem ersteren halte. Nicht Sache des Temperaments, denn ich habe mir diese Weltanschauung gegen mein Temperament erkämpft, weil meine Erfahrung mich gelehrt hat, daß man weiter mit ihr kommt und glücklicher mit ihr ist. Und habe daran gesehen, daß man sein Temperament erziehen kann zur Einstellung auf die Erfahrung.

Wer nichts mehr erwartet, weil er nicht enttäuscht werden will, der gleicht einem Menschen, der seine Blumentöpfe nicht mehr in die Sonne trägt, weil sie ja doch abends untergeht. Die Pflanzen werden allmählich und sicher dabei verkümmern, während gerade der Wechsel von Sonne und Schatten, von Tag und Nacht das Belebende und Fördernde für sie ist, weil es das von der Natur gewollte, und darum die Bedingung ihres Gedeihens ist.

Wer nichts mehr erwartet, schaltet den Frohsinn aus seinem Leben aus, und geht seinen Weg im kalten Schatten philosophischer Ruhe, toter Resignation, seelentötenden Fatalismus.

Warten belebt, denn Warten ist Hoffnung. Und auch das traurige Warten hat eine belebende Wirkung, denn es erzeugt Kraft, und Kraft kommt aus Leben, aus gesteigertem Seelenleben, und bringt Leben, vertieftes Geistesleben.

Wer nichts mehr erwartet, der betrügt sich vielleicht um die reinsten Freuden seines Daseins, und um die segensreichsten Tage – um die bittersten Tränen der Enttäuschung. Denn Tränen sind für den Menschen, was der Regen für das Land ist.

Enttäuschungen sind bitter. Das Bitterste oft von allen Bitternissen dieses Lebens.

Du wartest vielleicht auf ein Kind, hast neun lange Monate gewartet, gehofft, und dich gefreut. Deine ganze Zukunft auf und für dieses Kind eingestellt. Und nun ist der erste Blick, den es in diese Welt tut, auch sein letzter gewesen. Aus der Stunde der Freude ist eine Stunde des Schmerzes geworden. Wäre es besser gewesen, du hättest die ganze Zeit mit dieser Möglichkeit gerechnet, dir immer gesagt: warte nicht auf ein Glück, ehe es dir nicht sicher im Arme liegt? Hättest dich all der süßen, stillen Freudenstunden beraubt aus einer Vorsicht, die Mangel an Vertrauen ist? Wird nicht eine Stunde kommen, wo du dir sagst: diese Enttäuschung ist vielleicht nur die Strafe für mein mangelndes Vertrauen, für meine kalte Weisheit?

Oder du wartest an einem Krankenbett auf Genesung. Wenn irgendwo, so gehört hier zum rechten Warten Glauben und Hoffnung. Wenn du dies rechte Warten nicht hast, so wird, ohne daß du es willst und weißt, deine Pflege eine weniger inbrünstige und darum weniger wirksame sein. Du wirst dem Schicksal allzusehr anheimstellen, was das Schicksal vielleicht gerade dir anheimstellen wollte. Du wirst nicht ringen mit dem Tode um seine Beute. Wenn er sie dann nimmt, wirst du vielleicht sehr gefaßt sein, denn du hattest ja schon längst »damit gerechnet«. Oh, solches Rechnen ist eine kalte Wissenschaft, und der Mensch ist mir lieber, der an seinem vergeblichen Warten, das ihn mit so schöner Freudigkeit durch die dunklen Stunden der Angst trug, und den Kranken mit einem warmen Leuchten umgab, fassungslos zusammenbricht.

Oder du hast einen ungeratenen Sohn und wartest darauf, daß er heimfinde ins Vaterhaus. Aber Jahr um Jahr vergeht, und er kommt nicht. Willst du dir und ihm das Unrecht antun, zu sagen: »ich warte nicht mehr, es ist ja doch vergeblich?« Verloren ist eine Sache erst, wenn man sie aufgibt. Und aufgeben tut man sie mit dem Augenblick, wo man nicht mehr an sie glaubt. Denn Warten ist Glauben. Für eine verlorene Sache müht man sich nicht mehr. Willst du aufhören, für deinen Sohn, deine Tochter zu beten? Ihnen nachzugehen mit deiner Liebe bis in die weitesten Fernen, in denen sie in der Irre gehen? Gedanken haben eine große, geheimnisvolle Macht. Die betenden, liebenden, sorgenden, wartenden, vertrauenden Gedanken eines Vaters, einer Mutter, haben schon manches abtrünnige Kind zurückgerissen von dem Abgrund, an dem es taumelte; es herausgerissen, wenn es schon hineingestürzt war. Und wenn es dann doch vergeblich war? Wenn du eines Tages erfährst, daß es aus, ganz aus ist mit deinem Kinde, oder wenn dein Leben zu Ende geht, ohne dir die Erfüllung deines Wartens gebracht zu haben? Sei gewiß, dein Leben, deine Seele wurde nicht ärmer durch die Kraft, die Liebe, die Hoffnung, den Gram, was alles du scheinbar vergeblich vertan hast; sondern reicher und schöner durch die Wärme, die dich erfüllte, durch die Hoffnung, die dich beseelte, durch die Schmerzen, die dich geläutert haben. Und du wirst am Grabe deiner Hoffnung, am traurigen Ende deines Wartens, vor deiner bittren Enttäuschung stehen mit dem Frieden des guten Gewissens: ich habe nichts versäumt und nichts unterlassen, denn ich habe in Hoffnung und Liebe gewartet.

Oder du wartest auf irgendein Lebensglück; auf die Erfüllung einer großen Liebe. Sie füllt dich ganz aus, bringt dir abwechselnd jauchzendes Glück, quälende Zweifel, unruhige Betrübnis. Aber du wartest weiter, und deine Seele trägt ein Feierkleid und macht sich hell und still, um das große Glück aufzunehmen. Und eines Tages weißt du, daß dieses Glück dir nicht beschieden sein soll, daß dein Warten vergeblich war.

Wäre es besser gewesen, du hättest nicht gewartet? Hättest deine Seele zugesperrt vor der Helle und Heiße solcher Liebe, »weil sie ja doch vielleicht mit einer Enttäuschung endigen könne?« Um dir dann lebenslang sagen zu müssen: das Glück wäre vielleicht doch gekommen, wenn die Tore meiner Seele offen gewesen wären, es einzulassen? Fühlst du nicht, daß das Leuchten und Brennen solcher Liebe Segensspuren in deine Seele gedrückt hat, wie die Sonne Spuren hinterläßt auf dem Gefilde, die keine noch so lange Nacht mehr verwischen kann? Warum sagen denn fast alle Menschen: »lieber eine unglückliche Liebe, als gar keine?« Weil sie alle wissen, daß die Wartezeiten solcher Liebe mit ihrem Glück schwerer wiegen, als die Enttäuschung mit ihrem Schmerz.

Fürchte dich nicht vor vergeblichem Warten. Das ist im Grunde nur Feigheit. Warte auf das, was du ersehnst, trotz der Möglichkeit der Enttäuschung. Und wenn die Enttäuschung kommt, so weine, brich zusammen, ringe die Hände. Schmerzen sind dazu da, daß sie gelitten werden. Setze dich auseinander mit ihnen, kämpfe mit ihnen. Und dann stehe wieder auf. Du wirst sehen, das Aufstehen wird dir leichter werden, wenn deine Seele vorher am rechten Warten erstarkt ist, als dir das Weitergehen werden würde, wenn nicht die helle Sonne gläubigen Wartens dich erwärmt und erhellt hätte, ehe du in den Schatten tratest.

Die Seele muß etwas zu hoffen und zu fürchten, etwas zu warten und zu bangen haben; sonst werden die Saiten schlaff, auf denen das Leben spielt, und geben keine reinen und vollen Töne mehr.

Die Seele muß auch mitunter etwas zu weinen haben.

Und was nun all das kleine und nebensächliche Warten anbetrifft, davon unsre Tage voll sind – das Warten auf Erfolge, auf kleine und große Freuden, auf erfüllte Wünsche, auf Dankbarkeit, auf Anerkennung und was dergleichen wirkliche und eingebildete Bedürfnisse mehr sind – wenn dieses Warten hier und da mit einer Enttäuschung endigt – nun, so kann ich dir nur den einen Rat geben: wirf es hinter dich, und warte auf etwas andres.

Nur keine Erbitterung, keine tragische, vorwurfsvolle Gebärde. Wer hat dir denn gesagt, wer gab dir denn ein Recht darauf, daß all dein oft so törichtes, ungerechtfertigtes, selbstsüchtiges Warten Erfüllung findet?

Vom verzweifelten Warten.

Ist das nicht ein Widersinn, von »verzweifelten Warten« zu sprechen?

Verzweiflung ist das Aufhören des Glaubens und Hoffens, und was man nicht mehr erglaubt und erhofft, das erwartet man auch nicht mehr.

Aber des Menschen Herz ist ein trotziges und verzagtes Ding und voller Widersprüche. Und so kommt es doch vor, daß es immer noch wartet auf das Eintreten von Dingen, an das zu glauben es längst aufgehört hat.

So ein Warten voller Zweifel, die sich je länger je mehr zum Verzweifeln steigern, ist wohl das allerschwerste. Und es ist ganz etwas andres als das vergebliche Warten, das gläubig und vertrauensvoll, und darum freudig wartet, bis es sich dem Ruin gegenübersieht. Ein Warten voller Zweifel ist von Anfang an voll von der aufreibenden Unruhe, von dem Schwanken zwischen Hoffen und Verzagen, zwischen Mut und Angst, zwischen Glück und Unglück. Es fehlt ihm das feste Ziel, und darum die Sicherheit des Weges, die den Gedanken, der Seele eine Stetigkeit geben, die immerhin noch Ruhe, ja sogar etwas vom Frieden in sich tragen kann, auch wenn der Weg in eine tiefe Dunkelheit führt.

Wenn ich vom verzweifelten Warten rede, so denke ich unwillkürlich an das trostlose Wort, das während des Krieges die schwerste Prüfung aller Daheimgebliebenen gewesen ist. An das traurige Wort: »vermißt«.

Niemand weiß, was aus »ihm« ward, niemand weiß, was ihm geschah; niemand weiß, wo er blieb; niemand weiß, ob er jemals wiederkommen wird. Aber daheim sitzt das junge Weib – ich denke an eines, das ich kenne – und wartet. Alle Nachforschungen bleiben vergeblich; aber sie wartet. Dieser oder jener, der gleichfalls vermißt war, kommt endlich zurück, oder es kommt doch eine Nachricht, aus irgendeinem Lazarett, irgendeiner Gefangenschaft; eine Nachricht, die eine sichre Hoffnung bringt. Und sie wartet und hofft auch für sich. Von diesem oder jenem kommt endlich eines Tages die sichre Todesbotschaft, die der Qual des Wartens ein Ende macht. Aber sie wartet weiter, und fürchtet sich. Ihre Kinder sind um sie her bei Tage mit Spielen und Lachen und mit Fragen: kommt der Vater noch immer nicht wieder? Und sie erzählt ihnen, wie es sein wird, wenn er eines wunderschönen Tages heimkehrt, und glaubt selber daran, und im Anblicken der vier jungen Augenpaare, die so zuversichtlich und strahlend auf sie gerichtet sind, wird ihr selber ganz froh und zuversichtlich zu Sinn.

Aber nachts, wenn es dunkel ringsum und sie allein ist, wenn der Wintersturm an den Fenstern reißt, oder in schwülen Sommernächten die Nachtigall schmettert und das Käuzchen klagt, wenn so viel Raum und so viel Zeit und so viel Stille ist, dann fallen die Gedanken über sie her mit Bildern und Vorstellungen, und die Phantasie greift sie auf und spinnt sie aus zu entsetzlichen Foltern, und niemand ist da, der ihr sagen kann: sei ruhig, so schlimm ist es nicht. Und ihr Herz schreit nach Gewißheit, und niemand gibt sie ihr. Und ihre Seele bettelt um Hoffnung und findet keine.

Und so wird sie umhergeworfen zwischen Tag und Nacht, zwischen Hoffnung und Verzweiflung; und klammert sich an jedes gute Zeichen, und bricht zusammen an jedem bösen Zeichen. Und die Kraft, die sie in guten Stunden sammelt, wird aufgezehrt von den bösen Stunden.

Und sie wartet weiter.

Und die Zeit vergeht, und die Sehnsucht wächst, und die Sorge wächst, und das Herzeleid wächst, und die Hoffnung schwindet. Aber das Warten bleibt.

Und es kommt der Verstand und sagt: hör' auf zu warten, es ist umsonst.

Aber das Herz schreit dagegen: es könnte doch vielleicht nicht umsonst sein. Und wartet weiter.

Und je mehr der Verstand recht zu behalten scheint, um so lauter schreit das Herz gegen ihn an.

Denn warum sollte gerade ihr Warten umsonst sein?

Ja – aber warum sollte gerade ihr Warten nicht umsonst sein?

Kein Menschenherz ist so fest, daß es die Qual solchen Wartens ertrüge, ohne in Kampf zu geraten mit allen Mächten der Finsternis. Und keine Seele ist so stark, daß sie dem Unfrieden wehren könnte, den solch Kampf mit sich bringt.

Und je mehr die Hoffnung schwindet, um so heftiger trotzt das Herz: ich will weiter hoffen und warten, aller Vernunft zum Trotz; und wenn ich auch nicht mehr hoffen kann, so will ich doch warten – bis ich eines Tages wissen werde.

Aber das Wissen kommt nicht.

Und so wartet manch eine bis auf den heutigen Tag. Und wird weiter warten, bis die Zeit die Hoffnung tötet und den Schmerz mildert und das Warten allmählich aufhört, wie ein Strom in der Wüste versickert und vertrocknet, – oder bis sie daran zugrunde gegangen ist. Bis sie sich so oder so abfindet mit der Antwort, die niemals gekommen ist.

Dies ist nur ein Beispiel. Aber wieviel solch ungewisses, qualvolles Warten gibt es auf dieser Erde! Wieviel fragende, sehnende, brennende Augen versuchen den Vorhang zu durchdringen, den der Allwissende zwischen sie und die Zukunft gesenkt hat! Wieviel wunde Füße laufen auf dem Wege, der zu einem ungewissen Ende führt! Wieviel fiebernde Herzen schlagen dem Tage entgegen, von dem sie nicht wissen, ob er jemals kommen wird!

Lieber die schrecklichste Gewißheit, als diese marternde Ungewißheit! – Diese Worte hat ein Mensch geprägt, der den Kelch des ungewissen, verzweifelten Wartens getrunken hat bis zur Neige.

»Durch Stillesein und Hoffen werdet ihr stark sein.« Wo aber soll die Stärke herkommen, wenn das heilige Stillesein verschlungen wird von dem Getöse des Kampfes zwischen Hoffen und Verzweifeln? Wo soll die Stärke herkommen, wenn die Kraft aufgerieben wird in diesem nie entschiedenen Kampf? Not macht erfinderisch, und der Mensch in seinen tausend Nöten hat mancherlei erfunden und gefunden, sie zu bannen oder doch zu mildern, ein jeder aus seiner Art heraus. Der Verständige flüchtet sich zur Philosophie, und der Schwache zur Resignation, und der Starke zum Trotz, und der Grobe zum Stumpfsinn, und der Tätige zum Handeln – und so fort. Aber das alles sind nur unvollkommene Hilfen. Sie decken die Not zu, aber die Not bleibt. Und wenn eines Tages die Urkraft der Seele die Decke zerreißt, dann steht ebendieselbe Not wieder da, und ist größer und stärker denn zuvor, denn sie hat die Decke überdauert.

Philosophie ist wie ein Platz im Theater, von dem aus man die Vorgänge auf der Bühne des Lebens kritisch und ohne innere Anteilnahme betrachtet, mit der Genugtuung innerer Überlegenheit, aber ohne den Segen der Freude und den Segen des Schmerzes.

Resignation ist wie ein stehendes Gewässer, in dem alles Leben erstickt, an dessen Rande nur blasse Sumpfblumen ein duft- und kraftloses Dasein fristen.

Trotz ist der wilde Knabe, der die bloßen Hände an steinernen Mauern zerschlägt, und Stumpfsinn ist wie der Ochse, der mit gesenkter Stirn gleichgültig das Joch zieht, und dessen dickes Fell ebensowenig die Peitsche fühlt, wie die liebkosende Hand eines mitleidigen Lenkers. Und das eigne Handeln hat einen ebenso ungewissen Erfolg, wie das ungewisse Warten, von dessen Qual es befreien soll. Es ist vielleicht noch das beste von allen Hilfsmitteln, weil es die sittliche Kraft stärkt und aus dem Labyrinth der Gefühle herausführt zu zielbewußtem Wollen. Aber es ist nicht jedem gegeben, und es gibt Dinge und Verhältnisse, die durch kein eignes Handeln und Zutun gefördert, aufgehalten oder gebessert werden können.

Sind wir denn hilflos preisgegeben solchem ungewissen Warten, das erst Hoffnung ist und zuletzt in Verzweiflung ausartet? Preisgegeben dem Schicksal, ob es uns daran zugrunde gehen oder erstarken lassen, versteinern oder stumpf werden – absterben lassen will? Preisgegeben der eignen Art, die rettungslos dem einen oder dem andern zutreibt?

Liebe Seele, es gibt eine Hilfe in der Not solchen Wartens, die über das Ziel hinausträgt auf eine Höhe, die nicht kalte Philosophie und nicht traurige Resignation, nicht selbstsicherer Trotz und nicht tötender Stumpfsinn ist, und besser als eignes Tun mit zweifelhaftem Erfolg. Eine Insel im brausenden Meer und eine feste Burg im tobenden Kampf. Es gibt einen Frieden im Unfrieden, und eine Sicherheit in allen Unsicherheiten des Lebens. Einen Felsen, auf dem man stehen kann und teilnehmen an allem Kampf und Anprall des Schicksals, ohne doch den Boden unter den Füßen zu verlieren; hineinschauen in alle Abgründe des Daseins, ohne zu schwindeln; schaffen und handeln, ohne um den Erfolg zu bangen. Einen Felsen, auf dem stehend man auch auf das Ungewisse warten und diesem Ungewissen getrost entgegensehen kann.

Kennst du sie nicht, die Verheißung:

»Denen, die Gott lieben, müssen alle Dinge zum Besten dienen?«

Denke dem nach, und lehne diese Verheißung nicht ab als einen Trost für gläubige Kinder und unwissende Toren; als einen Schlaftrunk für Ruhesuchende und als ein Betäubungsmittel für Kranke.

Übersetze sie dir in die Sprache deiner persönlichen Seele und passe sie an an deine besondre Art. Wende sie an auf dein besondres Leben und auf dein besondres Warten.

Wenn du ganz gewiß weißt: ob mein Warten mit einer großen Freude endet oder mit einem großen Schmerz – weil ich Gott liebe, das heißt: weil ich an die Liebe und das Gute überhaupt glaube, so kann die große Freude und der große Schmerz nur dazu beitragen, mich beiden näherzubringen und mich reif zu machen für die Erfüllung meines Menschentums, und stark für den großen Flug aus den Dunkelheiten dieses unvollkommenen Lebens in das Licht der großen Freiheit der Kinder Gottes –

Wenn du das ganz gewiß weißt, dann wird auch dein Warten auf ein Ungewisses getragen sein von einer großen Ruhe und von einem heiligen Frieden, und du wirst an solchem Warten nicht verzweifeln und zugrunde gehen, ebensowenig wie an allen andern Ungewiß-heiten, Rätseln und Dunkelheiten.

Nicht auf die Lichter und Schatten richte den Blick, die auf Erden beständig wechseln – sondern auf die Sonne, die der Ursprung von beiden ist.

Von der Hoffnung.

Hoffnung ist Warten, denn sie steht auf dem Wege zwischen Wunsch und Erfüllung und streckt gläubige Hände aus.

Die ursprüngliche Phantasie des Menschen gab der Hoffnung ein grünes Kleid, wie die Erde es trägt zwischen Saat und Ernte.

Hoffnung ist frohes, gläubiges, vertrauensvolles Warten.

Die Hoffnung hat eine wehmütige Schwester, die heißt Sehnsucht. Aber die Sehnsucht richtet den weinenden Blick nur zu oft rückwärts auf verlorenes Glück, oder sie greift mit verzweifelten Händen in unerreichbare Fernen. Und wenn ihre Augen nach vorwärts gehen, denselben Weg, den die Hoffnung geht, so ist in ihren Augen das Leid des Entbehrens und der Hunger der Armut.

Sehnsucht ist Schmerz, aber Hoffen ist Freude. »Seid fröhlich in Hoffnung!« Hoffende Menschen sind immer fröhlich.

Auch das hat die Hoffnung gemeinsam mit dem Warten, daß ihr Einfluß auf den Menschen, der sie hegt, bestimmt wird durch die Art des Gegenstandes, auf den sie sich richtet. Wie andrerseits man von dem, was der Mensch hofft, schließen kann auf das, was er ist.

Hoffnung ist Warten auf das Ersehnte, Ungewisse und doch Geglaubte. Denn wenn der Mensch aufhört, zu glauben, so hört er auch auf, zu hoffen.

Die Welt sagt: Hoffen und harren hat manchen zum Narren.

Der von einem höhern Geist erfüllte Apostel aber sagt: Hoffnung läßt nicht zuschanden werden.

Und der zwischen Hoffen und Verzagen umhergetriebene Mensch weiß nicht, an wen von beiden er sich halten soll.

Liebe Seele, wenn du dich davor schützen willst, daß dein Hoffen dich zum Narren hält, so hoffe nichts Unvernünftiges. Frage dich, ob du ein Recht zu deiner Hoffnung hast.

Du sagst so oft: ich hoffe, es wird alles gut werden. Aber du tust vielleicht nichts dazu; läßt die Dinge gehen wie sie wollen, und wunderst dich dann, daß sie verkehrt gehen.

Oder du hoffst auf einen Glücksfall, durch den sich alles, alles wende – aber du tust vielleicht nichts dazu, dich solchen Glückes wert zu machen.

Oder du hoffst gegen alle Vernunft und Wirklichkeit, und vergißt, daß eine unbarmherzige Vernunft die Dinge dieser Welt regiert, und daß das Leben aus Wirklichkeiten besteht, und daß Wunder zu den seltenen, schönen Ausnahmen gehören und darum nicht in den Lebensplan mit aufgenommen werden dürfen. Daß Wunder – Gnade sind. Auf Gnade hofft man nicht – der ergibt man sich.

Oder du hoffst auf allerhand törichte und nebensächliche Dinge, von denen du nicht verlangen kannst daß eine ewige Weltordnung sich um sie kümmert, die dir oder andern vielleicht gar schädlich wären.

Oder du hoffst gar darauf, daß ein freundlicher Zufall oder der liebe Gott deine eignen Dummheiten und Gedankenlosigkeiten oder gar Sünden wieder gutmache. Der »freundliche Zufall« ist ein Ding, mit dem niemand rechnen sollte, und »der liebe Gott« ist nicht dazu da, daß er die Dummheiten der Menschen wieder gutmache.

Auf alle diese Dinge zu hoffen hast du kein Recht, und wenn solche Hoffnungen fehlschlagen, hast du kein Recht, dich »genarrt« zu fühlen, und keinen Grund, dich entmutigen zu lassen.

Am grünen Kleid der Hoffnung zupfen viel törichte und vorwitzige Finger herum, denen es eben nur um einen Zipfel dieses grünen Kleides zu tun ist, und nicht um das ganze. Darum schüttelt die Hoffnung diese vorwitzigen Finger ab und schlägt auf die törichten Hände, denen diese Finger gehören.

Die Hoffnung will nicht das täppische Greifen und hilflose Tasten von Händen und Fingern, sondern die bewußte Gefolgschaft des ganzen Menschen.

Darum richte dein Hoffen nicht auf kleine, nebensächliche und oft so armselige Dinge – solch Hoffen zersplittert, und die Enttäuschungen verbrauchen unnötige Kraft.

Ja – sagst du – soll ich denn aber auf all die kleinen Freuden und Erfolge nicht hoffen dürfen, die das irdische Leben angenehm, mir persönlich angenehm machen?

Nun möchte ich zu deiner Beruhigung sagen, daß mit dem Worte »hoffen« ein schauderhafter Mißbrauch getrieben wird, und daß du dir wohl manches wünschen kannst, für das die große, heilige Kraft des Hoffens zu mißbrauchen – sei es auch nur durch die gedankenlose Anwendung des Ausdrucks – viel zu schade ist.

»Ich hoffe auf ein gutes Mittagessen«, sagt man, wenn man zu einem guten Freunde oder Bekannten eingeladen ist.

»Ich hoffe, du nimmst mir das nicht übel«, sagt man, wenn man gerade dem andern Grund gegeben hat, sich verletzt oder geärgert zu fühlen – und es klingt schon beinahe wie eine Drohung.

»Ich hoffe, du wirst dich anständig betragen«, sagt man zu seinem Kinde, seinem Lehrjungen, seinem Dienstboten, wenn man ihn mit irgendwelchem selbständigen Auftreten betraut, wo doch eine liebevolle Ermahnung oder ein ernster Befehl richtiger am Platze wären.

»Ich hoffe, es wird halten«, sagt man, wenn man einen zerbrochenen Topf gekittet, ein zerrissenes Kleid geflickt oder sonst irgendeinen kleinen Schaden ausgebessert hat.

»Ich hoffe, ich werde mit dieser oder jener Entschuldigung oder Ausrede durchkommen.«

»Ich hoffe, dieser oder jener Streich wird mir glücken.« Dies beides ist nun schon beinahe unmoralisch.

Dies alles, und vieles andre auch noch, kannst du dir wünschen, kannst es verlangen, versuchen. Aber darauf hoffen, inbrünstig und gläubig darauf warten – das heißt nichts anderes, als die Hoffnung miß-brauchen.

Gar nicht zu reden von all den bösen und sündhaften Dingen, für die man die Hoffnung mißbraucht – das Wort nur, oder die seelische Kraft.

»Ich hoffe, der oder jener wird gründlich hereinfallen. Ich hoffe, der oder jener wird sich tüchtig den Kopf stoßen. Ich hoffe, das wird ihm eingetränkt werden. Ich hoffe, dies oder das wird sich rächen. Ich hoffe, der wird noch etwas erleben« (womit natürlich nichts Gutes gemeint ist).

Das alles ist nicht Hoffen, Warten, Wünschen, sondern Verwünschen, Fluchen, und solch Ansinnen schüttelt die Hoffnung ab von ihrem reinen Gewande.

Das Wesen der Hoffnung, des freudigen und zuversichtlichen Wartens, ist, daß sie sich auf große und gute Dinge richtet.

Hoffe, warte auf das Gute überhaupt. Auf den Sieg des Guten in allen Verhältnissen des Lebens und der Menschen untereinander. Wirf dein Hoffen und Warten, das Vertrauen ist, nicht weg, das heißt: vergeude es nicht mit nichtigen oder unguten Dingen; denn es soll einen großen Lohn haben, sofern es sich auf große und gute Dinge richtet. Das Gute wird doch endlich einmal siegen, auch in dieser oft so bösen Welt. Und wenn du es in deinem besondern Falle nicht mehr erlebst, so nimm deine Hoffnung mit ins Grab – jenseits des Grabes wirst du schauen, was du bislang nur hoffen durftest.

Hoffe auf den Triumph der Gerechtigkeit – er kommt, auch wenn du es nicht mehr erlebst. Es ist gar nicht nötig, daß deine großen Hoffnungen sich bei deinen Lebzeiten erfüllen – wenn sie dich nur durchs Leben tragen.

Hoffnung hat eine tragende Kraft. Hoffnungslosigkeit ist wie eine Binde vor den Augen, mit denen wir den Weg durchs Leben suchen. Laß dich nicht entmutigen, wenn diese oder jene Hoffnung trog. Es war vielleicht nur noch zu früh. Oder die Erfüllung liegt erst wie ein zarter Keim, deinem menschlichen Wissen verborgen, im Zeitenschoße.

Der Mensch ist wohl daran, von dem man sagen kann:
»Hoffnung auf Hoffnung ging zu scheiter –
Aber der Mensch hofft immer weiter.«

Nicht auf die Erfüllung kommt es an, sondern auf die Hoffnung. Manches diesseitige Leben wäre nicht zu ertragen ohne die Hoffnung auf ein jenseitiges Leben. Und das ist nun eine Hoffnung, die keinesfalls hier unten ihre Erfüllung findet. Gerade diese Hoffnung aber, dieses gläubige, freudige Warten trägt uns hindurch durch alle Dunkelheiten, Unvollkommenheiten und Enttäuschungen und stellt die Verbindung her zwischen der irdischen Not und der ewigen Freude, die ihr verklärendes Licht auf die kleinen und kleinsten Dinge dieses Lebens wirft und das »Jammertal« zu einem Wege auf helle Höhen und zu einem Vorhof des Himmels macht.

Von der Ungeduld.

Wenn man vom Warten spricht, kommt man an diesen beiden nicht vorbei: der Geduld und der Ungeduld.

Die christliche und die heidnische Sittenlehre zählen die Geduld zu den höchsten Tugenden einer geläuterten Persönlichkeit. Sie verstehen darunter in der Hauptsache die Geduld im Leiden und die Geduld im Umgang mit den Menschen. Und soweit sich das Warten auf einen Schmerz, auf eine lebenswichtige Entscheidung bezieht, ist Geduld die größte Hilfe und der Ausdruck einer in sich gefestigten Persönlichkeit. Sie führt zu einer schönen, sichern Ruhe dem Kommenden gegenüber. Sie macht den Blick fest und das Herz stark, und bewahrt vor dem haltlosen Hin- und Herschwanken der Seele, die, dadurch geschwächt, dann leicht am Anprall der Ereignisse zusammenbricht.

Auch in den kleinen Dingen des Wartens ist Geduld eine große Weisheit, zu der man sich wohl erziehen kann. Was nützt es auch, ungeduldig zu sein! Man kommt der Entscheidung, der Erfüllung damit um keinen Schritt näher. Man wird unfähig zu jedem andern vernünftigen Tun und Denken, womit man die Zeit des Wartens viel besser und nutzbringender ausfüllen könnte, als eben durch Ungeduld. Man zerstört sich die Stimmung und andern die Gemütlichkeit. Ungeduld hat immer schlechte Laune im Gefolge. Es kommt auch in den meisten Fällen nicht so sehr darauf an, ob das Erwartete ein paar Stunden, Tage oder Wochen früher oder später eintritt, ob die Unsicherheit ein wenig länger dauert. Es kann uns eine Sache, auf die wir warten, sehr am Herzen liegen, ohne doch eigentlich wichtig zu sein. Es hängt oft nicht so viel davon ab, ob wir die Antwort auf einen Brief heute oder in einer Woche bekommen; ob uns der Handwerker den ihm zur Ausbesserung übergebenen Gegenstand in diesem oder im nächsten Monat fertig zustellt; ob der Gast, den wir erwarten, der Zug, den wir benutzen wollen, sich eine Stunde verspätet. In solchen und tausend andern kleinen Dingen ist es einfach Sache der Vernunft und des Willens, sich zur Ruhe, zur Geduld zu zwingen.

Freilich kann auch in kleinen Gelegenheiten viel vom Zeitpunkt der Erfüllung – von der Minute abhängen. Der Kranke, der Verwundete, der Verunglückte kann sterben, wenn der Arzt nicht schnell kommt. Eine wichtige Reise kann ihren Zweck verfehlen, wenn sie nicht pünktlich angetreten werden kann. Ein Unternehmen kann miß-glücken, wenn die erwartete Nachricht ausbleibt. Die Ernte kann verderben, wenn nicht rechtzeitig der erwartete Regen oder Sonnen-schein kommt.

Die Worte: »Jetzt – oder nie« – das viel traurigere Wort »zu spät!« sind wie Grabsteine am Ende eines Wartens, dessen rechtzeitige Erfüllung ausblieb.

Aber was nützt Ungeduld auch in solchen Fällen? Sie verschärft die Qual und verwirrt das Gemüt, und ist ganz unvereinbar mit jeder vernünftigen Überlegung.

Geduld in solchen Fällen ist nicht zu verwechseln mit Gleichgültigkeit, der die innere Anteilnahme fehlt, die es gehen läßt wie es eben geht und nichts dazu tut, daß es schneller geht. Aber Ungeduld allein schafft es nie.

Geduld ist nicht Untätigkeit, sondern Ruhe in allem Tun. Ungeduld verliert die Richtung in zwecklosem Hin- und Herhasten. Geduld steuert mit Ruhe und Umsicht dem Ziele zu. Ungeduld ist Knospenfrevel. Nicht nur, wo sie das Erschließen einer Blüte nicht erwarten kann, sondern in jedem Falle, wo sie den Erfolg einer Mühe, die Entwicklung eines außerhalb des Willens liegenden Geschehens durch verwitziges Eingreifen, durch gewaltsames Erzwingen beschleunigen möchte. Manch einer hat schon aus Ungeduld verdorben, was er nicht abwarten konnte, und aufgegeben, was ihm zu lange dauerte. Und andrerseits hat manch einer durch Geduld herangewartet, was unerreichbar schien.

Beide, Geduld und Ungeduld, wachsen an sich selbst. Geduld wird zu einem schönen Frieden, und Ungeduld steigert sich zur Raserei, zu einem ganz und gar trostlosen Zustand, der die Freude an der Erfüllung zu einem galligen: »na endlich« herabzudrücken imstande ist.

Ich will aber nicht zu hart verfahren mit der Ungeduld.

Es gibt ein Warten, zu dem die Ungeduld gehört, wie der Duft zur Blüte, wie die Sonne zum Sommertag. Es gibt eine Ungeduld, die zum Warten gehört, wie der Herzschlag zum Leben, wie die Perle zum Schaumwein.

Das ist das Warten auf eine große, gewisse Freude. Das ist die Ungeduld, die Vorfreude ist.

Einem Schmerz, einer großen Entscheidung, einem gleichgültigen Alltagsgeschehen mögen wir mit stiller Fassung, mit ruhiger Festigkeit, mit vernünftiger Selbstbeherrschung entgegenwarten.

Einer gewissen Freude dürfen wir gern mit schnellen Füßen entgegenlaufen.

Vorfreude ohne ein wenig Ungeduld ist gar keine rechte Vorfreude.

Denke an die Kinder am Weihnachtsabend. Wärst du zufrieden, wenn sie »geduldig« warteten? Ist nicht gerade die jubelnde Ungeduld, mit der sie »es gar nicht erwarten können«, das Schönste an jedem Weihnachtsfest mit Kindern?

Ich bin ganz überzeugt, daß Gott, wenn er dir eine große Freude in erwartungsvolle Aussicht gestellt hat, gern ein wenig Ungeduld bei dir sehen möchte.

Aber jubelnde Ungeduld muß es sein!

Dem Schmerz, der Ungewißheit, dem Unangenehmen gegenüber ist es nicht nur weise, sondern sittlich, die Gefühle zu meistern; denn Gram, Zweifel, Verdrossenheit sind zerstörende Gefühle, und das Leben soll nicht zerstörend, sondern aufbauend wirken.

Der Freude gegenüber aber laß deinen Gefühlen freien Lauf, denn Freude ist eine aufbauende Kraft, und etwas so Schönes,

Belebendes, Erhebendes und Stärkendes für den Menschen, daß er sich ihr gar nicht genug hingeben kann.

Der Mensch neigt ohnehin dazu, den Schwerpunkt seines Denkens und Fühlens auf die traurigen Dinge des Lebens zu legen. Mit Recht, aber leider mit wenig Erfolg, mahnt Angelus Silesius:

»Wenn du Gott wolltest Dank für jede Wohltat sagen,
Du fändest gar nicht Zeit, noch über Leid zu klagen.«

Du sollst dir deine Schmerzen, deine Nöte nicht aus dem Sinn schlagen, sollst durchaus nicht gleichgültig oder leichtfertig ihnen gegenüber sein. Du sollst sie verarbeiten, gründlich und tief, aber du sollst sie meistern, beherrschen. Denn wenn sie dich beherrschen, vernichten sie dich.

Einer großen und echten Freude aber darfst du getrost die Herrschaft über dich überlassen, dich ihr ganz öffnen und hingeben. Denn wenn sie dich beherrscht, macht sie dich hell und froh, zieht dich aus dem Schatten, reißt dich aus Abgründen.

Die Bibel sagt: Freuet Euch allewege – ohne Einschränkung. Aber für den Schmerz hat sie eine Einschränkung: Seid geduldig in Trübsal.

Diese Verschiedenheit hat ihre tiefe sittliche Begründung.

Und so ist die freudige Ungeduld die einzige unter allen Arten von Ungeduld, die nicht schädlich, sondern nützlich ist; die das Warten zum Glück macht, statt zur Qual; die alle hellen und frohen Instinkte der Seele steigert – wie nötig ist das der Seele, die sich hinnieden mit so viel entmutigenden und umdüsternden Nöten abquälen muß – und die darum eine sittliche Berechtigung hat.

Aber wohlverstanden: wirklich freudige, jubelnde Ungeduld muß es sein!

Solche Ungeduld macht die Augen hell und das Herz froh, lockt Lieder auf die Lippen und Lachen ins Antlitz. Von solcher freudigen Ungeduld wird die ganze Umgebung angesteckt, daß sie sich mitfreut, oder anfängt nachzudenken, ob nicht auch in ihrem Leben, in ihrer Zukunft etwas liege, das solcher freudigen Aufregung wert sei.

Aufregen – das heißt auf-regen – ein Regen aller guten, hellen, freien und frohen Herzenskräfte.

Zur rechten Zeit die Geduld, und zur rechten Zeit die Ungeduld. Das fortwährende stoische Gleichmaß der Gefühle wirkt ertötend, und aus allzu überlegener Höhe betrachtet, verschwimmen die kleinen Höhen und Tiefen, Lichter und Dunkelheiten der Täler, – gerade das, was ihren Reiz ausmacht und den Weg, den wir alle wandern müssen, abwechslungsvoll gestaltet – zu dem langweiligen Vernunftprinzip einer Land-karte. Man kann nicht immer auf der Höhe bleiben – das sind Feiertage des Lebens. Das eigentliche Leben wird in den Tälern gelebt. In den Tälern mit ihrer Arbeit und ihrer Mühe, ihrem bergauf und bergab, ihren Gewitterstürmen und Wildwassern, ihrer heißen Sonne und ihrem frühen Schatten. Die freudige Ungeduld aber im Erwarten der Tage, die Höhenlage unsres Lebens sein sollen, macht uns die Füße leicht zum Wandern und die Hände freudig zum Schaffen. Die Flügel solcher freudigen Ungeduld tragen die Seele über alle Hindernisse hinweg, die zwischen Verheißung und Erfüllung liegen – über alle die vielen großen und kleinen Geduldproben, die das Warten uns stellt.

Einmal im Jahre, im Hochsommer, weiß ich, wird die Sehnsucht meines ganzen Menschen nach Ruhe und Freiheit Erfüllung finden in den irdischen Höhen des Hochgebirges. Ich habe keinen Grund, an der Erfüllung zu zweifeln. Nach menschlichem Ermessen ist sie mir sicher. Im Januar schon fängt meine Ungeduld an. Ich kann es wirklich »gar nicht mehr er-warten«. Ich habe noch nie gemerkt, daß solche Ungeduld mich verdrossen oder mißmutig gemacht hätte. Das fort-während ungeduldige Vorwärtsschauen, das »den Ereignissen entgegen-laufen« des ganzen inwendigen Menschen hat eine voraus-wirkende Kraft. Ich nehme die ganze Freude vorweg mit meiner Ungeduld, und doch war die Freude durch solches

Vorwegnehmen noch niemals geringer geworden, wenn sie sich über mich ergoß. Ich bin gewiß, ich würde gar nicht so viel Segen haben von dieser Freude, sie gar nicht so bis ins Kleinste und Größte zu genießen fähig sein, wenn nicht diese freudige Ungeduld ihr die tiefsten Falten und Winkel meiner Seele erschlossen hätte.

Dies ist nur ein einfaches, alltägliches Beispiel. Ich glaube, daß jeder Mensch solche Beispiele und Beweise in seinem persönlichen Leben finden könnte, wenn er suchte und finden wollte!

Vom Segen des Wartens.

Es ist Lebensklugheit und Lebenskunst, aus allem, was uns das Leben bringt, und somit endlich aus dem Leben selbst das Beste zu machen. Nicht in der Weise, daß man sich vorbeidrückt an allem Ernsten und Schweren, und danach trachtet, sich das Leben so leicht wie möglich zu machen. Ein leichtes Leben ist durchaus nicht gleichbedeutend mit einem reichen und gesegneten Leben. Ich meine auch nicht die Klugheit der Biene, die aus allen Blüten den Honig saugt, das Gift aber darin läßt.

Ich meine die höhere Klugheit und die tiefere Kunst, die alles, was ihr begegnet, so anfaßt, daß es ihr diene, und so verwertet, daß es ihr nütze. Die sittliche Kraft eines starken und guten Herzens, die jeder Dunkelheit ein Licht zu entzünden, in jedem Häßlichen ein Schönes zu entdecken, Böses in Gutes zu kehren, und selbst aus Sünde und Unglück sich noch einen Segen zu finden weiß.

Es kommt nicht so sehr auf das Geschehen an, als auf den Menschen, der es erlebt.

Nun soll freilich alles Geschehen und Erleben, das Leben überhaupt, uns erst erziehen und zum richtigen Leben und Erleben uns tüchtig machen. Und mit solcher Erziehung ist es gerade so, wie mit jeder menschlichen Erziehung: bei dem einen, der erzogen werden soll, hat sie Erfolg – bei dem andern nicht. Es muß die Einsicht vorhanden sein, daß die Erziehung nötig ist, und der gute Wille, sich erziehen zu lassen.

Dem Leben gegenüber kommt es auf die Einsicht an, daß man sich ihm beugen muß, um es zu beherrschen. Zu beherrschen nicht seinen Gang – denn das ist selbst den Stärksten nicht immer möglich – sondern seine Wirkungen auf unsern inwendigen Menschen.

Wenn nun ein so großer Teil unsres Lebens durch Warten auf allerhand Großes und Kleines ausgefüllt ist, wenn wir mit solchem Warten soviel Kraft verbrauchen, wie sollten wir da gedankenlos an all diesem Warten vorübergehen, als wäre es nur ein lästiges Beiwerk und ohne Bedeutung für unsern inwendigen Menschen.

Man braucht nur zu sehen, wieviel Verdrossenheit, unmutige Ungeduld, Verzagtheit oder sträfliche Gleichgültigkeit die wartende Menschheit beherrschen, um die schädigende Wirkung zu erkennen, die das Warten haben kann auf den, der ihm gegenüber nicht den richtigen Standpunkt, oder überhaupt keinen Standpunkt einnimmt.

Wer aber bemüht ist, die schädigenden Wirkungen des Wartens zu erkennen und zu verhindern, bei sich oder andern, der wird unfehlbar vordringen zu der weiteren Erkenntnis: daß das Warten einen Segen bringen kann dem, der da recht wartet.

Was heißt aber: recht, richtig warten?

Es gibt nichts, wovon mit einseitiger, absoluter Bestimmtheit gesagt werden kann: so oder so muß es gemacht werden, so oder so ist es richtig. Unsre innere Stellungnahme weist uns den Weg, auf dem wir uns den Dingen nähern, und die Art, sie zu behandeln. Von unsrer mehr oder weniger vorgeschrittenen sittlichen Reife wird diese Stellungnahme bestimmt werden.

Ein Kind wartet anders als ein Greis, ein Mächtiger anders als ein Ohnmächtiger, ein Herrenmensch anders als ein Märtyrer.

Jeder muß so warten, wie es den Verhältnissen und seiner Innerlichkeit entspricht, und kann so warten, daß er einen Segen davon gewinnt.

Der Segen des Wartens liegt nicht immer in seiner Erfüllung als einer sichtbaren Belohnung. Ob Erfüllung oder Enttäuschung – das ist eine Sache für sich. Das Warten als solches kann Segen oder Unsegen sein.

Manch einer, der auf ein Glück wartet, hat sich durch Unruhe und Zweifel, durch ständigen Wechsel von Verzagtheit und Zuversicht so zermürbt, daß er, wenn das Glück kam, gar nicht mehr imstande war, es zu genießen.

Und manch andrer hat auf ein Unglück gewartet, und gewann durch das Warten die Kraft, das Unglück würdig zu tragen.

Es gibt ein altes Lied, das sagt:

> »Meine Seele ist wie ein Garten, drin Wunderblumen stehn.
> Mein Leben ist nur ein Warten, erblühen sie zu sehn.«

Man kann es auch umgekehrt sagen:

> »Mein Leben ist wie ein Garten,«

und:

> »Meine Seele ist nur ein Warten.«

In beiden Fassungen steht mir das vor Augen, was ich als den Sinn und den Segen des Wartens erkannt zu haben glaube: die stille Festigkeit des Herzens und die freudige Zuversicht des Gemüts. Die gläubige Hingabe der Seele an die Wunder des Werdens, davon unser Leben voll ist.

Das alles ist gewiß nichts Neues. Solange es lachende und weinende, hoffende und enttäuschte Menschen gibt, solange wird geredet und geschrieben von Geduld und Ergebung, von Dankbarkeit in der Freude und Mäßigung im Schmerz, vom Ausharren in Hoffnung, vom Mut im Zweifel.

Daß all diese großen Dinge auch anwendbar sind auf die kleinen Geschehnisse und Prüfungen des Alltags, darüber wird wenig nachgedacht. Wer sich aber in den Kleinigkeiten des Lebens nicht erziehen läßt, der wird in den großen Dingen des Lebens leichtlich versagen. Aus morschen Fäden entsteht kein haltbares Seil, und Unzuverlässigkeit in kleinen Dingen gefährdet die große Sache.

Nicht immer ist Tag und Stunde der großen Dinge. Daß dieser Tag und diese Stunde dich bereit und tüchtig finde, wenn sie kommt, dafür wollen und sollen die kleinen Dinge sorgen.

Du sagst vielleicht: die kleinen Dinge sind es nicht wert, daß man so viel sittliche Kraft an sie wendet, sie so wichtig nimmt. Den wirklich großen und wichtigen Dingen wird man ganz von selbst anders gegenüberstehen.

Es mag Menschen geben, bei denen das zutrifft. Große Menschen haben auch ihre kleinen Schwächen, und jeder große Mann hat neben seiner offiziellen Geschichte seine »Kammerdienerchronik«. Aber ich glaube, daß hier der Weg ein umgekehrter ist: über die Beachtung der kleinen Dinge zur richtigen Erkenntnis und Leistung der großen Dinge, und dadurch erst wieder zu einer gewissen Nichtachtung der kleinen Dinge, die eben nur ein Großer sich erlauben darf.

Nun sind wir aber nicht alle berufen und befähigt. Große zu sein und Großes zu leisten. Und beim Durchschnittsmenschen ergibt erst die Übereinstimmung der Wertschätzung von großen und kleinen Dingen die Harmonie und Klarheit, die segensreich für das eigne Leben und wohltuend für die Umwelt ist.

Das Warten zumal besteht aus großen und kleinen Dingen. Niemals wirst du fähig sein, auf ein großes Glück oder ein großes Unglück würdig, d. h. kräftesammelnd statt kräftevergeudend zu warten, wenn du es nicht gelernt hast, in den kleinen Dingen des Wartens ruhig und vernünftig zu sein und einen gewissen Gleichmut zu bewahren – den gleichen Mut der Erfüllung wie der Enttäuschung gegenüber.

Es führt ein schmaler Pfad zwischen Abgrund und Gipfel. Gehe ihn ruhig; blicke festen Auges in die Tiefe, damit du nicht unversehens hineinstürzest. Blicke klaren Auges auf das Ziel, damit du es nicht aus den Augen verlierst. Passe deine Schritte dem Wege an – seiner Steilheit, seiner Mühseligkeit, seiner Länge.

Halte haus mit deiner Kraft, vergeude sie nicht mit unruhigem Hin- und Herhasten, mit zwecklosem Vorwärtsstürmen. Denn willst du durch den Abgrund hindurch, so darfst du nicht darin umkommen, und willst du auf den Gipfel hinauf, so darfst du nicht an seiner letzten Wächte zerschellen.

Der Segen des rechten Wanderns auf dem Wege des Wartens ist der: daß du alle Schönheiten dieses Weges genießest, alle seine Mühsal, daran erstarkend, überwindest; daß du die Enttäuschung mit unverbrauchter Kraft zu neuem Warten überwindest, und daß du der Erfüllung ein wohlvorbereitetes Herz jubelvoll öffnest.

Auch auf dich ist einst gewartet worden im Leben; von deinen Eltern, von so manchen andern, die bereit waren, dich mit Liebe zu empfangen. Hast du wohl schon einmal daran gedacht, daß es an dir ist, diesem Warten den Segen erfüllter Hoffnungen und innerster Herzenswünsche zu geben?

Warte nur, balde –

Das einzige, was jedem Menschen in seinem persönlichen Leben mit unverbrüchlicher Gewißheit und fragloser Sicherheit bevorsteht, ist der Tod. Und von allem Warten wird keins so stiefmütterlich behandelt, ja oft geradezu vergessen und abgelehnt, als das Warten auf den Tod.

Die einen fürchten ihn, und schalten die Gedanken an ihn aus als etwas, das nur geeignet ist, ihre Lebensfreude und Schaffenskraft zu stören, ihr Gemüt zu umdüstern und mit schrecklichen Vorstellungen zu ängstigen.

Die andern kommen gar nicht so weit, sondern denken überhaupt nicht an ihn.

»Das hat noch lange Zeit«, sagen die einen. Und die andern:

»Was ich bestimmt weiß – nämlich, daß ich sterben muß – darauf brauche ich doch nicht zu warten. Das kommt auch so.« Nur ganz wenige, ganz Alte, Kranke, ganz Mühselige und Beladene warten auf den Tod, weil sie ihn ersehnen als Erlöser. Und noch wenigere sehen ihm bewußt und furchtlos, als etwas Selbstverständlichem und vielleicht gar Großem und Schönem entgegen.

Nun bin ich gewiß nicht der Meinung, daß das Leben nur ein Warten auf den Tod sein müsse, und noch viel weniger der Meinung, daß Todessehnsucht ein normaler und vorbildlicher Zustand oder der Beweis einer reifen, abgeklärten Persönlichkeit sei.

»Warte nur, balde ruhest auch du –« hat derselbe Mann gesagt, der die Forderung aufstellte: »Das Leben lieben, und den Tod nicht scheuen.«

»Warte nur –« das heißt dem Sinne nach so viel als: gedulde dich.

Aber der Sinn alles Wartens, und zumal dieses Wartens, ist doch noch ein anderer.

Worauf man wartet, darauf bereitet man sich vor. Wenigstens wenn man recht wartet.

Die klugen Jungfrauen, die auf den Bräutigam warteten, von dem sie nicht wußten, ob er bei Tage oder bei Nacht kommen würde, gossen Öl auf ihre Lampen. Wer auf einen Krieg wartet, hält seine Waffe in Bereitschaft, und wer auf einen Gast wartet, bereitet ihm das Mahl und das Bett. Wer auf ein Fest wartet, setzt seine Feierkleider instand, und wer auf eine Ernte wartet, der bestellt die Schnitter.

Wie sollten wir dem einen, einzigen, das wir ganz gewiß zu erwarten haben, unvorbereitet entgegengehen?

Was ist denn der Tod?

Der Tod ist das Ende. Ganz gewiß das Ende des irdischen Lebens.

Der Tod ist aber auch der Anfang. Der Anfang eines andern Lebens, von dem wir nicht wissen, wie es sein wird.

Wie sollen wir uns wartend vorbereiten auf etwas, wovon wir nichts wissen?

Ich will hier nicht reden vom verschiedenen Glauben und von den verschiedenen Religionen. So viel verschiedene Menschen es gibt, so viel verschiedene Vorstellungen vom Leben nach dem Tode. Vom finstersten Heiden bis zum sittlich erhöhtesten Christen, vom orthodoxen Theologen bis zum freigeistigen Philosophen glaubt jeder etwas andres, und ist überzeugt von der Richtigkeit seines Glaubens. Und wenn er es nicht ist, so ist er so schlecht daran, wie der, der gar nichts glaubt. Denn wer nichts glaubt, der hat kein Ziel für sein Wandern, und kein Warten für sein Leben. Und wer kein Warten hat, der hat keine Erfüllung.

Nun aber ist es so: Wer an den Tod glaubt als an das Ende aller Dinge, also an das Nichtvorhandensein eines zukünftigen Lebens, dem kann der Tod nur sein wie ein finsterer Abgrund, der ihn und den Zweck seines Daseins verschlingt.

Denn was hätten die Wirkungen seines Tuns und Denkens, seines Strebens und Trachtens über das eigne Leben hinaus auf die Menschen und Dinge der Umwelt, ja selbst auf kommende Geschlechter, für einen Zweck, wenn die Menschen der Gegenwart und Zukunft auch nur ein kurzes, im Nichts verlöschendes Dasein zu führen bestimmt sind? Doch höchstens den, sich dieses kurze Dasein so angenehm wie möglich zu gestalten. Und das ist nicht ein Zweck, für den es sich lohnt, sittliche und seelische Kräfte anzustrengen. Das ist ein Zweck, für den zu leben man füglich jedem einzelnen überlassen kann. Das Ziel der Edelsten und Besten – die größte irdische Vollkommenheit menschlicher Zustände und Verhältnisse – käme ja dann nur den wenigen zugute, die diese Zustände und Verhältnisse erlebten. Und die Masse derer, die in den Jahrtausenden lebten, die verflossen sind und noch verfließen werden vor Erreichung dieses Zieles – wenn es überhaupt zu erreichen ist – hätte umsonst gelebt. Ich habe einen andern Glauben, von dessen Wichtigkeit ich überzeugt bin, und kann den Glauben an das Nichts, den Tod als an das endgültige Ende, nicht mitmachen, weil mein Verstand sich gegen ihn sträubt, weil ich keinen Sinn und keine Logik in das Ziel und den Zweck eines Lebens, das auf solchen Glauben eingestellt ist, bringen kann.

Auf einen solchen Tod zu warten, auf ihn sich vorzubereiten, ist unnütz und schädlich. Solche Vorbereitung kann im günstigsten Falle stoischen Gleichmut erzeugen, der allem Schaffen und Wirken die belebende, überzeugende, begeisternde und befruchtende Kraft aussaugt. Viel öfter aber wird die Wirkung Mutlosigkeit und Unlust, gesteigert zu jeder Verneinung bis zur Verzweiflung am Leben überhaupt sein. Oder aber jene leichtfertige Sorglosigkeit, die zur Seele spricht: nun, liebe Seele, iß und trink, denn morgen bist du tot.

Wer aber auf den Tod wartet als auf ein dunkles Tor, geöffnet vor einer großen Helle und für ein neues Leben, als auf eine Erfüllung des Lebens überhaupt, der wird sich auf ihn vorbereiten, indem er danach trachtet, dieses neuen Lebens fähig und dieser Erfüllung wert zu sein; indem er nach Entwicklung der eignen Persönlichkeit zur höchstmöglichen Vollkommenheit nach dem Maßstab der durch seinen Glauben bestimmten sittlichen Ideale strebt, um auf diese Weise seinen besonderen Platz und seine persönliche Aufgabe, ihm von seiner persönlichen Lebensstellung angewiesen, im Dienste der Allgemeinheit um so besser und vollkommener erfüllen zu können. Denn wer den Glauben hat an ein neues Leben für sich und jeden einzelnen der ihn umgebenden, vor ihm gewesenen und nach ihm kommenden Menschheit, der wird ein ganz anderes Interesse haben an der Führung und Gestaltung dieses irdischen Lebens; dem erwächst ein neues Pflichtbewußtsein, ein neues Verantwortungsgefühl, ein neues Gewissen und eine neue Gemeinsamkeit. Und so kann ein Warten, ein Sichvorbereiten auf einen solchen Tod nur verbessernd und veredelnd auf den Wartenden wirken. Es wird viel Mühe bringen und viel Kampf, viel Schmerz und viel Not, und wird wahrlich nichts gemein haben mit behaglichem Schlendern und gedankenlosem Genießen. Aber es wird die Seele immer völliger hinaustragen aus dem verwirrenden Dunkel unverstandener Geheimnisse in das Licht ruhevoller Erkenntnis, und in den schwersten Tagen wird er nicht den tragenden Mut und die belebende Freudigkeit verlieren. Denn: »warte nur, balde kommt die Erfüllung!« Und so wird er das Leben lieben, und dennoch den Tod nicht scheuen.

Ich kann nicht vorübergehen an denen, die sich nach dem Tode sehnen, die so schwer am Leben leiden, daß sie es nicht mehr lieben, und auf den Tod warten als auf einen Erlöser. Das sind nicht die, die bei jeder Enttäuschung, jedem Schmerz, jeder Probe, die das Leben ihrer Kraft, ihrer Widerstandsfähigkeit, ihrer Selbstlosigkeit, ihrer Entsagungs-bereitschaft stellt, seufzen und klagen: ich wollte, ich wäre tot. Diese würden meistens sehr entsetzt und sehr unvorbereitet sein, wenn ihr Wunsch in Erfüllung ginge. Denn wer nicht stark genug ist zum Leben, der ist erst recht nicht stark genug zum Sterben.

Aber siehe die da oben sitzen abseits vom Wege. Die hoffnungslos Kranken, die das Leben selbst zur Ohnmacht verurteilt hat. Die Märtyrer des Lebens, deren redlichstes Wollen, deren ehrlichste Kraft zerbrochen ist an den Hindernissen, die ein unbegreiflicher, höherer Wille ihnen in den Weg gestellt hat. Die Alten, deren irdische Aufgabe erfüllt ist, weil eben das Alter ihnen die Möglichkeit weiterer Betätigung nahm. Diese alle, wenn sie an den Tod als an einen Vernichter alles Lebens glaubten, würden nicht auf ihn warten als auf einen Erlöser, sondern sich vor ihm fürchten, sich mit dem letzten Rest ihres durch Todesfurcht aufgepeitschten Lebenswillens an das Leben klammern, sie würden sich nicht sehnen nach dem Zukünftigen, sondern klagen um das Vergangene. Sie würden nicht warten, sondern sie würden verzweifeln. So aber ist das Warten auf den Tod ihre letzte Lebensfreude. »Warte nur, balde ruhest auch du.« Nicht das Ruhen im Grabe, im Vergehen, im Nichts – sondern das Ruhen in der Freiheit von aller irdischen Unvollkommenheit, im neuen Werden, im Alleshaben der großen Erfüllung – das ist es, worauf sie warten.

Der Weg des Lebens gehet überwärts, und das Warten des Menschen muß auch überwärts gehen. Wie die kleinen Dinge des Lebens verschlungen werden von den großen Dingen, so wird auch all das viele kleine Warten des Menschen verschlungen von dem einen, großen Warten. Und von diesem einen großen Warten wird sein ganzes Leben bestimmt. Frage einen Menschen, worauf er wartet, und du wirst wissen, wer er ist – wenn anders er es dir sagt. Denn von ihrem eigensten, innersten, tiefsten und höchsten Warten reden die Menschen nicht gern.

– – –

Auch ich habe nun genug geredet vom Warten.

Mancher hat vielleicht noch etwas dazu zu sagen, zu widersprechen, zu verbessern, hinzuzufügen. Um so besser. Dann hat dies Büchlein seinen Zweck erfüllt, mit dem ich es hinausschicke in das unruhige Leben: den, der es liest, anzuregen zum Nachdenken über das persönliche Warten seines Lebens, und den, der auf gar nichts wartet, darauf zu bringen, daß es doch vielleicht auch in seinem Leben etwas gibt, darauf zu warten lohnend ist.

Bd. 90 *Gefährliche Liebschaften*, Pierre-Ambroise-François Choderlos de Laclos, Bd. 91 *Gegen den Strich*, Joris-Karl Huysmany, Bd. 92 *Geschichte des Fräuleins von Sternheim*, Sophie v. La Roche, Bd. 93 *Geschichte vom braven Kasperl und dem Annerl*, Clemens Brentano, Bd. 94 *Geschichten aus dem Wienerwald*, Ödön v. Horváth, Bd. 95 *Glanz und Elend der Kurtisanen*, Honore de Balzac, Bd. 96 *Glück und Unglück der berühmten Moll Flanders*, Daniel Defoe, Bd. 97 *Götz von Berlichingen*, Johann Wolfgang v. Goethe, Bd. 98 *Gullivers Reisen*, Jonathan Swift, Bd. 99 *Heidis Lehr und Wanderjahre*, Johann Spyri, Bd. 100 *Heinrich von Ofterdingen*, Novalis, Bd. 101 *Hiob Roman eines einfachen Mannes*, Joseph Roth, Bd. 102 *Immensee*, Theodor Storm, Bd. 103 *Iphigenie auf Tauris*, Johann Wolfgang v. Goethe, Bd. 104 *Italienische Märchen*, Clemens Brentano, Bd. 105 *Ivannhoe*, Walter Scott, Bd. 106 Jahrmarkt der Eitelkeiten, William Makepaece Thackeray, Bd. 107 *Jane Eyre*, Charlotte Brontë, Bd. 108 *Jugend ohne Gott*, Ödön v. Horvath, Bd. 109 *Jürg Jenatsch*, Conrad Ferdinand Meyer, Bd. 110 *Kabale und Liebe*, Friedrich v. Schiller, Bd. 111 *Kasimir und Karoline*, Ödön v. Horvath, Bd. 112 *Kinder- und Hausmärchen*, Gebrüder Grimm, Bd. 113 *Kleiner Mann, was nun*, Hans Fallada, Bd. 114 *König Alkohol*, Jack London, Bd. 115 *Krambambuli*, Marie Ebner-Eschenbach, Bd. 116 *Lausbubengeschichten*, Ludwig Thoma, Bd. 117 *Lavinia - Pauline - Kora*, George Sand, Bd. 118 *Leben und Lüge*, Detlev von Liliencron, Bd. 119 *Lebensansichten des Katers Murr*, ETA Hoffmann, Bd. 120 *Lenz. Der hessische Landbote*, Georg Büchner, Bd. 121 *Lieutenant Gustl*, Arthur Schnitzler, Bd. 122 *Lord Jim*, Joseph Conrad, Bd. 123 *Luise*, Johann Heinrich Voß, Bd. 124 *Madame Bovary*, Gustave Flaubert, Bd. 125 *Märchen*, Wilhelm Hauff, Bd. 126 *Maria Stuart*, Friedrich v. Schiller, Bd. 127 *Max Havelaar*, Multatuli, Bd. 128 *Meister Floh*, ETA Hoffmann, Bd. 129 *Michael Kohlhaas*, Heinrich v. Kleist, Bd. 130 *Minna von Barnhelm*, Gotthold Ephraim Lessing, Bd. 131 *Moby Dick*, Hermann Melville, Bd. 132 *Nathan, der Weise*, Gotthold Ephraim Lessing, Bd. 133-1 und 133-2 *Nils Holgersson wunderbare Reise*, Selma Lagerlöf, Bd. 134 *Niels Lyne*, Jens Peter Jacobsen, Bd. 135 *Nußknacker und Mausekönig*, ETA Hoffmann, Bd. 136 *Oliver Twist*, Charles Dickens, Bd. 137 *Onkel Toms Hütte*, Herriett Beecher Stowe, Bd. 138 *Peter Schlemihls wundersame Geschichte*, Adalbert v. Chamisso, Bd. 139 *Peterchens Mondfahrt*, Gerdt v. Bassewitz, Bd. 140 *Pinocchio*, Carlo Collodi, Bd. 141 *Reinecke Fuchs*, Johann Wolfgang v. Goethe, Bd. 142 *Rheinmärchen*, Clemens Brentano, Bd. 143 *Rinaldo Rinaldini*, Christian August Vulpius, Bd. 144 *Robinson Crusoe*; Daniel Defoe, Bd. 145 *Romeo und Julia*, William Shakespeare Bd. 146 *Schach von Wuthenow*, Theodor Fontane, Bd. 147 *Schachnovelle*, Stefan Zweig, Bd. 148 *Schatzkästlein des rheinischen Hausfreundes*, Johann Peter Hebel, Bd. 149 *Schelmuffskys Reisebeschreibung*, Christian Reuter, Bd. 150 *Schloss Gripsholm*, Kurt Tucholsky, Bd. 151 *Siebenkäs*, Jean Paul, Bd. 152 *Sternstunden der Menschheit*, Stefan Zweig, Bd. 153 Tao te king, Laotse, Bd. 154 *Till Eulenspiegel*, Hermann Bote, Bd. 155 *Tolldreiste Geschichten*, Honorè de Balzac, Bd. 156 *Tom Jones, Geschichte eines Findelkindes*, Henry Fielding, Bd. 157 *Tom Sawyers Abenteuer und Streiche*, Mark Twain, Bd. 158 *Troquato Tasso*, Johann Wolfgang v. Goethe, Bd. 159 *Traumnovelle*, Arthur Schnitzler, Bd. 160 *Trost der Philosophie*, Boethius, Bd. 161 *Über den Umgang mit Menschen*, Adolph Freiherr v. Knigge, Bd. 162 *Uli der Knecht*, Jeremias Gotthelf, Bd. 163 *Uli der Pächter*, Jeremias Gotthelf, Bd. 164 *Ungeduld des Herzens*, Stefan Zweig, Bd. 165 *Ut oler Welt*, Wilhelm Busch, Bd. 166 *Vater Goriot*, Honorè de Balzac, Bd. *167 Väter und Söhne*, Ivan Sergejeviç Turgenev, Bd. 168 *Verlorene Illusionen*, Honorè de Balzac, Bd. 169 *Von der Freiheit eines Christenmenschen*, Martin Luther – Bd. 170 *Von der Ursache, dem Prinzip und dem Einen*, Bruno Giordano, Bd. 171 *Vor Sonnenuntergang*, Gerhard Hauptmann, Bd. 172 *Walden oder Leben in den Wäldern*, Henry D. Thoreau, Bd. 173 *Wilhelm Meisters Lehrjahre*, Johann Wolfgang v. Goethe, Bd. 174 *Wilhelm Meisters Wanderjahre*, Johann Wolfgang v. Goethe, Bd. 175 *Wilhelm Tell*, Friedrich v. Schiller

Von demselben Autor/Herausgeber sind bei BOD bereits erschienen:

Alle Tage Feiertage
ISBN 978-3-7386-0409-2, 280 S.
Allerlei Anlässe zum Aktionieren, Feiern und Gedenken

100 Kinderlieder
ISBN 978-3-7322-3024-2, 112 S.
100 Kinderlieder, altbekannt und immer wieder gern gesungen

Liederbuch (Deutsche Volkslieder)
ISBN 978-3-8423-6702-9, 312 S.
300 Volkslieder aus 8 Jahrhunderten und aller Herren Länder

Sagen und Erzählungen aus Marburg und Oberhessen
ISBN 978-3-7347-8909-0 , 164 S.
Allerlei Schwänke und Geschichten aus dem Marburger Land

Tausenderlei über die Freiheit
ISBN 978-3-7322-9721-4, 140 S.
Mehr als 1000 Zitate, Bonmots und Aphorismen über die Freiheit

Tausenderlei über das Glück
ISBN 978-3-7322-5525-2, 160 S.
Mehr als 1000 Zitate, Bonmots und Aphorismen über das Glück

Tausenderlei über die Liebe
ISBN 978-3-8423-7474-4, 140 S.
Mehr als 1000 Zitate, Bonmots und Aphorismen zum Thema Nr. Eins

Weihnachtsgedichte– Verse, Reime und Gedichte zum Fest
ISBN 978-3-7347-6393-9, 352 S.
290 Werke bekannter und unbekannter Dichter zum Weihnachtsfest

Weihnachtsgeschichten - Erzählungen und Märchen
ISBN 978-3-7347-6404-2, 392 S.
85 kurze und lange Texte zur Weihnachtszeit

Weihnachtsgeschichten 2
ISBN 978-3-7481-7533-9, 360 S.
35 kürzere und längere Geschichten zur Weihnacht

100 Weihnachtslieder
ISBN 978-3-7322-3375-5, 112 S.
100 Weihnachtslieder aus der Heimat und der ganzen Welt

Lob und Tadel an tessitore@web.de